現代中国の中産階級　メディアと人々の相互作用

The Middle Class in Modern China : Interaction between Media and People

周倩 Zhou Qian

亜紀書房

まえがき

二〇一五年一〇月一三日、スイスの金融グループ「クレディ・スイス」は「2015グローバル・ウェルス・レポート」で、「中国の中産階級が一億九〇〇〇万人を超え、世界最大の規模に達し、米国を上回る水準で成長している」との調査結果を発表した。同報告書はたちまちに中国国内外のメディアの注目を浴びた。日本で、その報告書に関心を集めている理由が、おそらく今後の訪日中国人観光客の数と爆買いの持続性にあるかのように思われる。しかし、中国の中産階級が増えたと言われることで、本当に爆買いの継続につながるのだろうか（なお、本書の再校段階に来ている今現在、爆買いの勢いがすでに薄れてきているように見えるが、中国人観光客の数は減っていない。その実態は爆買いから「爆体験」に移っていると私は捉えているが、この点については別稿を用意している）。

確かに近年、中国の経済成長、アベノミクスの円安影響、日本への観光ビザの緩和、改正された外国人の免税範囲、日本人のおもてなしの接客態度、スマートフォンの普及とSNSの影響などの要因により、多くの中国人観光客が日本に押し寄せて大量に消費をしている。中国人観光客は日本だけではなく、世界各国で活発に消費活動を行っている。こうした消費活動を盛んに行うような中国人観光客が日本のメディアで報じられる際には、ほとんど「中国の中産階級」と定義づけられている。同時に、訪日中国人観光客の増加と旺盛な消費行動は、中国の中産階級が増えている結果であると報道されている。このような訪日中国人観光客の姿とメディアの報道を目の当たりにし、「いったい中国の中産階級はどんな人なのか?」「中国にはどれだけ中産階級がいるのか?」「中国の中産階級と日本の中流は同じものなのか」といった疑問を抱く日本人も多いだろう。本書は中国社会において中産階級というものがいつ現れ、いかに形成されてきたのかについて考察し、中国の中産階級をどのように特徴づけ、どう捉えるべきなのか、また日本の中流と同じものなのかについて答えを探していこうとするものである。

実は従来の社会学研究においては、中産階級は非常に曖昧な概念であり、中産階級をどのように把握するかは研究者によって異なっている。既存の中産階級研究では一応、客観的属性としての所得、職業、学歴、資産、および主観的帰属意識などで測られているが、基準がまちまちであるため、中産階級の定義や範囲は必ずしも明確ではない。

本書はこうした既往の中産階級研究を批判的に検討した上で、中産階級の曖昧性をもたらす、客観的属性と主観的意識とを媒介するメディアに焦点を当て、メディアが作り出すイメージから中産階級を理解する。そこで、二〇〇一年以降現代中国のメディアが描く中産階級のイメージを析出し、そのイメージが中国の経済成長と社会変動の中で、いかに生産され、受容され、階層の再生産にいかなる影響を及ぼしているかについて分析を行う。本書は現代中国におけるメディアと中産階級の相互関係を明らかにした上で、中産階級が現代中国という文脈の中でいかにメディアによって作り出され、社会にいかに影響を与えてきたのかを解明するものである。本書による実証分析の結果、中国の中産階級は既往の社会学研究で論じられてきたような、一定の収入、学歴、職業などの客観的指標によって規定される階層でもなく、また単に中産階級意識の有無によって定められる階層でもないことが明らかになる。今日の中国の中産階級はメディアによって作り出された想像上の階層なのである。だが、この想像の中産階級はメディアによって作り出されているとはいえ、イメージの媒介作用の下で、また裕福になった中国人の日常的な消費行動の中で、虚と実の間を往来し、複雑なあり方を示しながら、動態的に存在している。

本書がメディアが描く中産階級のイメージという切り口を通じて、現代中国の社会構造やメディア文化、国民の意識や日常生活に対する理解を深める上での一助となればと願う。さらに現代日本と比較し、両国の共通点や差異を見つけることで、相互理解を促進し、日中関係の改善へ向けた一助となれば光栄である。日本の中国研究者や実務の世界の人々、一般市井の読者に至る今日の中国に関心のあるあらゆる人々にとって、本書の内容が有益かつ興味深いものであることを願う。

目次

現代中国の中産階級

序論　中産階級の曖昧性と新たな学問的要請

戦後のアジアにおいて、中産階級に関する議論は絶えることなく続いてきた。一九五〇年代半ば以降の日本、一九八〇年代半ば以降のアジアＮＩＥｓ（韓国・シンガポール・台湾・香港）とタイ、マレーシアや、二〇〇〇年前後からの中国とインドで見られるように、戦後長く中産階級はアジアの注目を集めてきた。確かにそれぞれの国・地域で中産階級について語られる際、その時間的・社会的背景と客観的な諸条件が異なってはいるものの、ほとんどすべての国・地域で、中産階級の形成と成長が、社会階層構造の発展と政治システムの転換にとって重要な要素だと認識されている。

一九九〇年代後半から、「東アジア共同体」構想の提起とともに、研究者たちの視線は中産階級にいっそう注がれるようになった。政治学者は中産階級を「民主化」の担い手として捉え、中産階級の出現と台頭が東アジアの政治に民主化をもたらすと信じている（Huntington 1991=1995; Hsiao and Koo 1997）。経済学者はアジアの中産階級が共通の消費嗜好とライフスタイルを持っていると想定し、彼らの存在と「アジア共同市場」の形成を結びつけて考えている（谷口 2004）。文化学者は一九九〇年代後半から始まった「ジャパナイゼーション」や「韓流」「華流」といった文化のフロー現象を例に、それら現象の発生が中産階級の文化的特徴と重なりあうと説明している（岩渕 2001, 2003; 青木 2005）。これまで、多くの研究者はアジアにおける中産階級の出現と成長が、「東アジア共同体」の形成を加速すると期待を込めながら論じてきた。しかし、「中産階級とは何か」という定義やその中身に関しては、研究者はその内容を吟味した上で議論しているとは言いがたい。

振り返ってみると、日本では、「もはや戦後ではない」と宣言されたのは一九五五年頃であった。それ以降、中産階級と関連するものがメディアに登場していた。一九六〇年の安保闘争後、植木等のサラリーマン・ソングや、森繁久彌を代表とするサラリーマン喜劇がブームとなっていた。一九七〇年から一九八〇年代にかけて、日本では「一億総中流社会」論がにぎわいを見せていたが、一九九〇年代末以降、不況に苦しむ日本社会はかつて支配的言説であった「一億総中流社会」論に対して、不信感を抱きはじめ、[1]メディアが「中流崩壊」論や「格差拡大」に関する言説を騒ぎ立てるようになった。

他方、中国社会は一九四九年から一九七八年まで、農村の「土地改革運動」と都市の「社会主義改造」によって、建国後長い間、「脱階層化（destratification）」（Parish 1984）と呼ばれる状態になった。「二つの階級、一つの階層（工場労働者階級、農民階級と知識人階層）」という社会主義的な階層構造の下で、一連の無謀な運動と闘争が繰り返される中、中産階級とその関連用語は、社会全体から糾弾され、批判（打倒）の対象になっていた。一九七八年以降、計画経済モデルから市場経済モデルへの転換とともに、管理者、専門技術者、自由業者、私営企業主といった新しい集団が出現した。二〇〇〇年の春には、「三つの代表」論[2]という政治的要請に後押しされ、中国政府は新興階層の社会的地位に対して、肯定的な態度を示した。その後、長く忘却の彼方にあった中産階級が突如、メディアのカレント・トピックの一つとなり、人々の関心を引くようになった。

そして近年、グローバリゼーションと新自由主義の体制が続く中で、日本社会の「中流崩壊」と並行する形で、中国社会では「中産階級を拡大する目標」が掲げられている。さらに、今日、世界中で起こっている中国人の不動産への支出や消費の勢いに押されるようにして、中国の中産階級に絡む話題が中国国内外に登場し、政財界や学術界ばかりでなく、メディアからも高い関心が寄せられたし、さらには一般市民の興味と反応も引き起こした。

本書は、まさに「中産階級とは何か」という根本的な問題から出発し、現代中国という文脈の中で中産階級がいかに作り出され、社会にいかに影響を与えてきたのかを解明し、学問的言説の布置の中に置かれた既存の中産階級の概念を再考しようとするものである。

第一節　問題の所在

一　中産階級の判別方法

既存の学問的言説を整理すれば、階層研究では、中産階級とは社会の「中間」にあたる階層を表す概念である。社会階層（social stratification）というのは、「社会全体において社会的資源ならびにその獲得機会が、人々の間に不平等に分配（distribute）されている社会構造状態を表示する整序概念である」（富永編 1979: 3）。その概念にしたがえば、中産階級とは「社会資源分配の中間に位置づけられる存在」となる。「中間」である限り、中産階級はあくまでも相対的な存在である。

他方、階級研究では、中産階級は「資本家階級と労働者階級の間に位置する階級」を指す。そのイデオロギーは資本主義的生産関係における生産手段の非所有によって規定されている（Centers 1949）。石川らの整理によれば、マルクス主義的観点に沿うと、中産階級の構成員には、生産手段を所有しているが、他人の労働に依存しない経済活動を行っている自営業者（農林漁業従事者、鉱工建設運輸業従事者、販売従事者、サービス業従事者）、独立専門技術職業者（手工業者）などが挙げられる一方、被雇用の専門技術者や被雇用の一般事務員なども挙げられる（石川ほか 1982: 13-15）。こうして、資本家と労働者階級との中間に位置する、雇用主でもなく、労働者でもない中産階級は雑多で、分厚い層を成している。したがって、中産階級の中身は、けっしてはっきりくくり出せるわけではないと言える。

以上、中産階級の特徴を一言で言えば、上下の境界線がはっきりしない、何か茫漠とした曖昧な集団である。既存の学問では、中産階級とはきわめてつかみにくいものだと捉えられている。

ところが、中産階級を把握するのは困難ではあるものの、社会学の中では最も基本的かつ魅力的な課題の一つでもある。既往の社会学では、中産階級を判別する際に、主に①主観的方法、②客観的方法、③主観的方法と客観的方法との総合、という三種類の判別方法が用いられている。

第一の主観的方法とは、伝統的な世論調査から発展したものである。たとえば、日本の中産階級研究では、「労働者階級・中産階級・資本家階級」という三つの中から選択させるものが採用されている。

第二の客観的方法とは、複雑な操作を必要とする方法である。尾高（1961）の整理によれば、その手続きとしては、①研究者が中産階級の規定と見なす客観的な要因（職業・学歴・収入など）を選び、②これらの客観的な要因に対して一定の順位を設定し、③社会を構成する各人や各世帯をそれぞれ、この順位に応じて分類し、④分類された各集団の連続体のどこかに刻み目をつけ、この刻み目を枠として中産階級に入る人々の数を計算する、という四つのステップが含まれる。そのうち、第一段階の、人々の収入によって中産階級を判別する方法は、経済学者に愛用されている（たとえば、Kacapyr et al. 1996 など）。他方、社会学者の間では、職業を、中産階級を決める最も基本的な指標として、採用しがちである（たとえば、Mills 1951; Erikson and Goldthorpe 1993; Wright 1997 など）。そのほか、二つ以上の要因を組みあわせて中産階級を判定するアプローチもよく見られる（たとえば、Warner et al. 1949; Thompson and Hickey 2005; 陆学艺 2002; 李春玲 2005; 刘毅 2006 など）。

第三の主観的方法と客観的方法との総合というアプローチとは、主観的方法と客観的方法から得られたデータを組みあわせて、中産階級を判定するものである。このアプローチは現在の階層階級研究で最もよく使われている方法でもある。

既存の社会学においては、こうした中産階級を判別する三つの方法のいずれを採用するかによって、同一の社会においても、異なる中産階級が描き出されうる。たとえば、中国では二〇〇五年に中産階級の規模について、中国社会科学院の李春玲が社会科学院のデータを使い、職業では一五・九%、収入では二四・六%、消費水準では三五・〇%と発表したが、職業と消費水準では二〇ポイントも中産階級の規模が異なることになる（李春玲 2005）。南京大学の周暁虹の推定によれば、職業（ホワイトカラー）、教育（大卒以上）、収入（月給三〇〇〇元＝四万八〇〇〇日本円以上）の三つの基準で中産階級を抽出すると、これら全部をクリアする中

表0-1：1955年SSM調査における中産階級

（単位：%）

	上	中	下	その他不明	計
客観的方法					
収入による階層構造（高額・中間・低額）	3	27	70	−	100
職業による階層構造（Ⅰ・Ⅱ・Ⅲ）	13	67	20	−	100
主観的方法					
自己判定Aによる階層構造（資本家・中産・労働者）	3	29	62	5	100
自己判定Bによる階層構造（上流・中流・下流） 分類Ⅰ	−	56	42	2	100
自己判定Bによる階層構造（上流・中流・下流） 分類Ⅱ	9	80	9	2	100

（出所）尾高（1961：19）

国の中産階級は一一・九％の割合になるとしている（周暁虹 2005）。

　また、職業や学歴、収入、財産といった客観的な指標を用いて規定された中産階級に属する人々は、必ずしも自己判定として中産階級への帰属意識、すなわち、階層帰属意識（主観的な指標）を持っているとは限らない。他方で、中産階級の客観的な指標が満たされていなくても、その階層帰属意識を持つこともありうる。たとえば、日本の全国的なデータに基づく一九五五年社会階層と社会移動（SSM）調査では、表0−1に見られるように、収入と職業を手掛かりとする客観的方法から得られた中産階級の割合は、自己判定を手掛かりとする主観的方法から得られた割合と異なっている。

　筆者は二〇〇六年のアジア・バロメーターのデータ[3]を用いて、職業・収入・学歴という三つの客観的な指標に、生活水準に対する自己評価[4]という主観的な指標とをあわせて、表0−2で見たように、日本と中国の中産階

表0-2：2006年アジア・バロメーター調査における日中両国の中産階級[5]

（単位：%）

	職業的	収入的	学歴的	客観的	主観的
日本	17.44	25.30	21.66	7.69	70.30
中国	22.90	7.90	12.55	1.85	68.07

（出所）周倩（2012：46）

級をそれぞれ算出した。そこでも、客観的な中産階級と主観的な中産階級の不一致が見出せる（周倩 2012: 46）。

二　階層イメージの浮上

これまで、中産階級に関する階層意識研究は、客観的と思われる個人の階層的地位と主観的自己認知の関係を明らかにしようとしてきた。戦後、日本の意識研究の最大のトピックである「中流論争」の勃興も中産階級への階層帰属意識（「中流意識」の形成）を焦点とし続けながら、その多くはそれまでのマルクス系の理解様式から中産階級を分析しようとしてきた。たとえば、「多様な中間説」（富永 1977）、「過去との比較仮説」「世間並み仮説」「自分の努力を認めたい気持ち」や「雇用関係の増大により、経済的安定感がある」という説明（岸本 1978）、「暮らしむき」という変数の導入（直井 1979）、「非構造的かつ流動的社会構造」による「新中間大衆論」（村上 1984）、「生活満足感仮説」と「部分社会仮説」（友枝・小島 1987）、「成長説」と「平等仮説」（間々田 1989）などが挙げられる。

しかしながら、研究者たちがどれだけ分析の工夫を凝らして、中産階級の階層意識を説明しようとしても、中産階級の階層帰属意識を規定する根拠をはっきりさせることはできなかった。つまり、中産階級の階層帰属意識を決定しているのは、所得でも、職業でも、年齢でも、学歴でもなく、また職業上の地位でも、世帯収入でも、財産でもない[6]。さらに、それらを組みあわせた複数の要因でもない。中産階級の階層帰属意識は社会的地位を構成する客観的諸要素との直接的関連度は弱いと言わざるを得ない。

こうした研究上の問題点に対して、宮島喬（1983）は媒介変数を導入し、「媒介過程」の問題を考慮する必要性を指摘している。また、高坂健次（1979, 1988）は階層イメージの概念を打ち出し、次のように述べている。

> 階層帰属意識は自分が現実の客観的な階層構造それ自体のどこに位置しているかを判断した結果ではない。そうではなくて個々人はまず自分なりの階層のイメージを抱いていて、そのイメージの中に自分を位置づけているのではないだろうか。だとすれば、階層帰属意識を問題にするに先立って、階層イメージの形成を問題にしなければならない。（高坂 1988、傍点原文）

そして、盛山和夫（1990）も「平均的個人にとって階層基準は所得と財産を主変数として構成される生活水準のある具体的なイメージとして存在し、そのイメージは主観的に認知する生活水準の分布を漠然と反映している」（傍点筆者）という基本仮説を立てている。

ここで、注目に値するのは、研究者たちが媒介や階層イメージという言葉を用いて、中産階級の客観的属性と主観的意識との違い、いわゆる中産階級の曖昧性を説明しようとしていることである。ところが、その媒介がいかに行われ、その階層イメージがまたいかに形成されているのか、階層イメージの影響源がどこにあるのか、階層イメージがいかに構築されているのかといった素朴な疑問が浮き上がってくる。これらの問題は今後の中産階級研究につながる重要な課題であると同時に、階層研究者にまかせきりにしては無理なテーマでもある。

第二節　メディアへのまなざし

階層イメージを検討するには、心理的メカニズムを探求する方法が考えられる。社会心理学では、人々の自己に対する認識（たとえば、中産階級への帰属意識）は自分自身に関する様々な記憶、経験や知識から構成されていることが研究されてきた。また自分自身の社会的な側面（たとえば、職業、学歴、収入に規定される階層性）を認識する時、特に自分自身の社会的な側面（階層性）が不安定な場合に社会的比較が多用されると指摘されている（高田 2011: 31）。

ところが、人々自身の五官を通じて直接的に知ることのできる世界は、経験の時間的・空間的制約によりきわめて限定されている。人々が直接的に他者と接触できない場合や、メディアによってしか現実の判断基準を持たない人にとって、他者を媒介として、社会的比較を通じて自己の階層性を認識する際に、メディアは大きな役割を果たす。それに、今日では情報化が進み、人々はメディアに依存して生活しており、そこから世界についての多くのイメージを得ているため、メディアはある対象や現実に関する観念ないし表象を形成するのに重大な役割を果たしており、人々はメディアを通じて世界や社会に対する大部分の知識を得ており、自己認識を完成させているのである。

メディア研究では、メディアは「イメージの構築機能」と「現実の社会的構築機能」(Berger and Luckmann 1967; Adoni and Mane 1984) という役割を持ち、メディアには世論や人々の意識を形成し、あるいはそれらに影響を与える効力を持つという機能があることが明らかにされている。メディアは、人々が直接認識・経験できない社会全般の事件に関する情報を提供し、またそれらの物事に関して解釈や評価を与えることにより、人々を取り巻いている環境に対するイメージを形成している。ゆえに、現在、日々様々なメディアに囲まれた人々の現実把握能力、ならびに現実把握のパターンはメディアによって引き寄せられている。メディアによって送り出された階層イメージも人々の意識に深く浸透し、人々の意識を規定するほどの影響力があると考えられる。メディアがこうした見逃すことができない重大な役割を果たしているにもかかわらず、従来の階層階級研究や階層意識研究では、メディアが周辺的な位置に置かれてきた。本書ではメディアに焦点を当てることによって、既存の階層階級研究や階層意識研究を補完したい。

これまで中国で行われてきた、いくつかの階層意識調査で明らかになったように、ほとんどの中国人は階層階級研究で中産階級と規定されているにもかかわらず、メディアに映し出された表象に基づいて中産階級を認知しているため、自分自身を中産階級と称することに躊躇や抵抗を感じている（张宛丽 2002; 周晓红編 2005）。

二〇〇七年六月一日から三〇日まで、筆者は「中国調査網」というネット調査サイトに、中産階級を理解する情報源について質問票を載せ、四一名の匿名解答者から回答を得た。その調査結果からも、今日、中国人の中産階級に対するイメージがほとんどメディアに由来していることが確認された（周倩 2008）。

かつてミルズは次のように述べている。

マルクスが生きていた頃には、ラジオもテレビも映画もなかった。ただ印刷物に限ってはすでに存在していて、新聞や雑誌の出版は企業として成立するほど隆盛を誇っていたが、まだそれほど大きな説得力や影響力を持っていたわけではない。したがって、マルクスは階級闘争の原動力となるイデオロギーは物質生活の条件だけによって一義的に決定されると信じていた。……もしも人間のイデオロギーが、その生活を決定するものでないならば、同様に人間の物質的生活はそのイデオロギーを決定しえないはずである。イデオロギーと生活の間には、コミュニケーションが介在し、それがイデオロギーに制約を与えている（Mills 1951=1957: 309、傍点筆者）。

こうしてミルズはマルクスを批判し、マルクスに見逃されたか、過小評価されるかしたコミュニケーションの役割を強調している。ここで彼が言う「コミュニケーション」という言葉は、基本的に一方から他方への「情報の伝達」のことである。すなわち、特定の送り手から受け手に向けて、ある種のメッセージが伝達され、受け手によってそれが受容されること、送り手が送り出したメッセージが受け手に到達し、イメージ的に再現されることである。メッセージが送り手から受け手に届くためには、そのメッセージが何らかの記号によって組み立てられる必要があるが、そのような記号は、何らかの物理的な支持体によって保持されていなければならない。そのような物理的な支持体が「メディア」と解釈される。[7]メディアはメッセージ（あるいは記号）の乗り物であるとも言える。こう考えてくると、ミルズのこの言葉からは「コミュニケーションの媒介」（竹内ほか 1998）としてのメディアの重要性も同時に読み取れる。

従来の階層階級研究においては、メディアに関する言及は周辺的な位置に置かれてきたが、社会学者は中産階級を論じる際に、メディアについても様々な議論を行ってきた。これまでの階層階級研究を概観すると、メディアへの言及は次の五点にまとめられる。

第一に、権威の市場。

ミルズによれば、中産階級は資本家階級と労働者階級との中間的存在であって、明確な機能を持っているわけではないので、権威に対する強い欲求を抱いている。「身分恐慌」の中産階級は、一方では、メディアによって提供された、最新の流行と消費の先端を行く資本家階級の代表者になるスターの姿をまねして、外見的なスタイルの点で自分自身の権威を主張する。他方では、中産階級と労働者階級との身分差がきわめて明確な小都市とは違い、地理的社会的に細分化された大都市ではこの両者の直接交渉の機会が少なく、その身分差も不明確であるため、中産階級はまたメディアを借りて、自分自身の社会的権威や身分を主張し、その生活様式を労働者階級の眼前に繰り広げている（Mills 1951=1957: 223-236）。

第二に、他人並みというモノサシ。

D・リースマンによれば、変化し続ける高度産業社会で求められるのは、他者の期待や好みを敏感に察知し、時代の変化にすばやく適応する生き方である。そこで、流行や時代の流れに敏感である半面、他人からどう見られるかを常に意識している中産階級は、いわゆる「他人指向型」の人間である。彼らは他者から疎外されないように、メディアを利用し、他者の動きや自分の位置を常に把握している。彼らにとって、メディアは「他人指向型」のレーダーである（Riesman 1950=1964）。

ミルズはリースマンのこの論考を踏まえた上で、「孤立した不安定な立場にあるミドルクラスは雑誌、ラジオ、映画、テレビなどのメディアの宣伝の好目標であり、集中攻撃を受けやすい。彼らのパーソナリティーは、メディアの強い影響を受けている」(Mills 1951=1957: 11) と述べ、「大規模な技術の適用とメディアの発達による画一化の力」に注目し、メディアという「文化機械」を、中産階級の間に「共同感情」を作り出す「公分母」と見なしている (ibid. 8, 310)。ミルズに指摘された、こうしたメディアの「画一化の力」はその後、日本の社会学者の論述の中にも現れている (たとえば、尾高 1961: 5; 岸本 1978; 直井 1979; 犬田 1982; 村上 1984; 小沢 1985 など)。

第三に、政治的冷淡を助長する悪貨。

アメリカの社会学者のほとんどは、中産階級の政治意識を「後衛」「保守」「冷淡」「無関心」といった修飾語で表し、さらに中産階級のこのような政治的態度をメディアと結びつけて論じている。たとえば、ミルズによれば、メディアは政治という良貨を駆逐し、娯楽という悪貨を社会に蔓延らせ、中産階級を政治から引き離し、彼らの政治的無関心を助長しているのである (Mills 1951=1957: 301, 811)。リースマンはまた、メディアが中産階級に政治的情報、政治的態度を商品として消費することを教え込むと述べている。彼によれば、メディアは政治的情報を製品、ゲーム、娯楽、リクリエーションとして送り出している。中産階級は何も考えずに、商品としての政治の買い手、遊び手、見物人、気ままな傍観者になってしまうのである

(Riesman 1950=1964: 174-178)。

第四に、「中間文化」の提供者。

加藤秀俊は、一九五五年以後の日本文化を「中間文化中心の段階 (Middle-brow dominant)」と名づけている。加藤によれば、「中間文化」とは、「高級文化と大衆文化の中間をゆく妥協の文化である。それは、常識主義によって支えられ、適度の政治的好奇心とゴシップ精神、そして趣味的中間性を特徴とする。そして、その担い手、使い手は日本に日ごとに増大する社会的中産階級である」(加藤 1957: 252-261)。加藤から見ると、新書、週刊誌、ミュージカル、ムード・ミュージックといったメディアは異なる階級間の文化的落差を縮め、文化の中間的統一という方向へ向かわせている。

第五に、卓越性のシンボル。

現在中国では、若手社会学者・杜骏飞らが、南京大学社会学院が二〇〇四年二月から二〇〇五年三月まで実施した社会調査のデータを分析し、今日中国の中産階級が他の階層より、メディアへの接触率が高いという結論を得た。彼らの分析によると、収入指標で算出された中産階級はファッション雑誌、娯楽新聞や文学作品をよく購読し、職業指標で算出された中産階級は経済・経営、情報処理、外国語などの専門書、他の諸専門紙／誌、全国紙、業界紙／誌をよく購読している。中産階級の読書率と読書頻度が他の階層より高く、中産階級の読書選択が他の階層より専門的かつ幅広い。それは、中産階級と他の階層との間の教育レベルの差による「知識のギャップ」(Knowledge-gap)に起因する。そのほか、読書以外にも、中国の中産階級は他の階層と、メディアを利用する上での差異が見られる。たとえば、中産階級はテレビやラジオから能動的に情報を獲得し、パソコンを通してインターネットで発信する能力がある。その能力は中産階級の経済・文化上の「卓越性」を表している。ゆえに、今日、メディアは中国の中産階級の「卓越性」を象徴する一つのシンボルだと位置づけられる(杜骏飞 2005: 183-222)。

以上のように、社会学者が中産階級を論じる際に、五つの角度からメディアの役割に言及してきた。ところが、そこには人々の階層イメージに対する認知やイメージの生産に関わるメディアの重要な役割についての掘り下げた検討が欠如している。当然、中産階級という階層のイメージがいかにメディアによって構築されているか、といった問題を論じるまでには至っていない。

したがって、階層イメージというテーマを階層階級研究者に委ねるだけでは不十分であることがここで再確認できる。これまで、中産階級に関する研究は階層階級研究者によって蓄積されてきたが、階層階級研究とメディア学はまったく別の研究領域だと考えられてきたため、メディアについて触れてはいるものの、メディア学の視座から中産階級という階層のイメージが捉えられてはいない。

第三節　メディア研究におけるイメージ分析

メディア研究者の間では、メディアが中産階級のライフスタイルや消費のイメージを作り上げてきたという見解が流布しているようであるが、実証的な研究は皆無に近い。既存のメディア研究で、フェミニズムの視点からの映画やテレビドラマにおける女性や家族のイメージに関する研究が進んでいるのに対し、中産階級のメディア・イメージやメディアと中産階級の相互関係などのテーマを扱った先行研究はきわめて少ない。

管見の限りでは、日本では、テレビが現実のものというより虚構のものとしての中産階級を構築したという視点は、有馬哲夫の論文（2003）にはあるが、テレビがいかに虚構の中産階級を作り出しているかについて、十分な分析は展開されていない。欧米では、このテーマを扱った代表的な先行研究は三つある（Ohmann 1996; Fernandes 2000; Liechty 2003）。そのうち、R・オーマンは一八九〇年から一九〇五年までのアメリカ雑誌を研究対象に、M・リーヒティは一九九〇年代のネパールの首都カトマンズの中産階級の文化実践に注目し、両者とも「ミドルクラス」「メディア」「消費」という三者の相互構築的な（mutually constitutive）関係について論じている。しかし、彼らも中産階級のイメージがいかにメディアによって構築されているのかについて、具体的な分析を行っていない。また、L・フェルナンデスは一九九〇年代以降のインドのメディアに着目し、メディアによる中産階級のイメージ構築行為がグローバルに蔓延した消費文化の産物だと指摘しているが、グローバリゼーションがいかに影響を与えているかについては説明できていない。

これに対して、中国の研究者によるこの種の研究は大きく二種類に分けられる。まず、①中産階級の誕生によってもたらされたメディアそのものの階層化について批判するものである（Yen Xiaoping 1995; Zhao Yuezhi 2000; 孙玮 2002; 王艳・周正昂 2003; 呉廷俊・陳棟 2007）。もう一つは、②ファッション雑誌を中国の「中産雑誌」と見なし、中産階級の見栄消費に対して批判を行うものである（戴锦华 1999; 周春玲 2000; 王晓明 2000; 孟繁华 2004）。これらの研究は中国社会における中産階級の出現と、それと同時に起こったメディアの変動に一早く注目し、両者の間に存在している何らかの関係性を探ろうとする姿勢において、評価に値するであろう。しかし、これらの研究はメディアのテクストに対する具体的な分析を行っていないだけに、説得力が弱いと言わざるを得ない。また、メディアに対して厳しく批判する姿勢を一様に採用することで、議論の多面性と総合性を損なっている。

したがって、本書は先行研究で完全に捉えられていない問題に取り組み、メディアが作り出す中産階級のイメージの全体を明らかにすることを目指す。本書では、メディアに見られた中産階級のイメージが現実の世界を忠実に表現すべきかどうかを評価するのではなく、メディア研究の方法論に依拠しながら次の三点を解明する。①メディアがどのような中産階級のイメージを構築しているのか。②メディアの作り手・送り手はなぜそのような中産階級のイメージを作り上げ、送り出しているのか。③メディアに見られた中産階級のイメージを受け手はどのように読み取っているのか。この①から③を明らかにすることによってメディアにおける中産階級のイメージを多元的に考察し、相互に連関する全体の見取り図を描くことができると考えているからである。

第四節　ブルデューの文化的再生産論とメディア論

中産階級の「主観と客観の不一致」から、階層研究へメディアのまなざしを導入する本書にとって、Ｐ・ブルデューの文化的再生産論（Bourdieu 1979=1990, 1970=1991）は社会学の根強い二分する主観主義と客観主義の対立を乗り越え、両者の統合を目指すものとして、重要な参照理論となっている。

ブルデューの文化的再生産論は、「不平等、序列、支配等の関係を含むものとしての社会構造の同型的な再生産の過程において、文化的なものの演じる役割を明らかにしようとする理論思考」（宮島編 1991: III）と定義されている。そこで、文化が社会的階層の再生産に重要な役割を果たすという視点は、ブルデューの理論の重要な論点であり、また本書との接点でもある。

ところが、ブルデューの文化的再生産論は主に公教育制度内での文化伝達を軸とする社会的階層構造や、世代間の階層的地位の再生産のメカニズムに焦点を当てる。彼の立論からは、「文化が階層構造の再生産を正当化する機能を持つこと」と、「階層構造が文化的・教育的過程を媒介に世代的に再生産されるメカニズムがあること」が社会学において注目されている。[8]本書は「文化を媒介とした社会階層構造の再生産」という視点をブルデューと共有しながらも、こうした「文化的要因が作用する場としての教育の過程を問題にする微視的視点」[9]とは距離を置き、「教育による階層帰属の決定を問題にする」のではなく、公と私の領域を接続し、なおかつ境界線を横断した文化の場であるメディアに関する考察を通じて、新たな文化の視角を切り拓き、ブルデューの理論を発展させたい。

他方、確かに二〇〇〇年以降、脱工業化、高度情報化、グローバル化、高度消費社会の進展にともない、労働と生産を中心に構成された社会階層の構造が成立しがたく、消費分化が社会に与える影響力が強まるようになり、記号が演出する象徴的意味が高まることで、ポストモダンな社会的地位のメカニズムを解明する新たな階層研究が現れている（今田編 2000 など）。ところが、生活様式や文化的価値など「生き方」の問題を焦点とした、ポストモダンな視点からの階層研究は、従来の社会的地位から遊離する、高度情報化によって促進される「脱階層現象」を指摘するが、情報化による階層の構成や階層の再編をもたらすメカニズムに関する具体的な分析と検討が不足していると言わざるを得ない。そのため、本書はブルデューの理論に基づいた文化的再生産論や、ポストモダンな視点から社会階層を議論する近年の研究の延長線上に自らを位置づけ、階層的再生産における文化の重要性を重視する上で、①メディアによって作り出された階層イメージとその意味を探求する、②メディア上のイメージを媒介とした階層再生産のメカニズムを実証的に分析する、という二つの課題を掲げている。これらの課題を解明することで、本書は従来の階層研究に新しい知見を付け加え、今後の階層研究に変容をもたらす可能性を引き出していく。

なお、本書はブルデューの文化的再生産論だけではなく、彼のメディア論にも注目する。なぜなら、「メディア〝を〟説明するのではなく、メディア〝で〟説明する……メディア論への社会学アプローチとしてのブルデューの理論」（藤田 2007: 121）は、メディアによって作り出された中国の中産階級を解明しようとする本書のスタンスに通じているからである。繰り返しになるが、本書は従来の階層階級研究と異なり、メディアに媒介された中国の中産階級の形成およびメディアと人々の相互作用を考察するものである。

では、ブルデューのメディア論はいかなるものなのか。ブルデューのメディア論は、従来のメディア研究に見られない独自の四つの特徴を持っている。第一に、ブルデューの「界」（あるいは「場」）の概念は特定の種類の資本に組織された構造化の空間を意味するものとして、メディアにも適用できる点である。したがって、メディアという「界」は国家と市場からの制約を受けるのが常だとされる。第二に、ブルデューの「象徴資本」「象徴生産」「象徴的支配」の論理によってメディアを解明できる点である。彼によれば、記号やイメージなどの「象徴」は意味を内包するものであり、行為主体は解釈や評価などによって、「象徴」から意味を引き出す。「象徴」が意味を生み出す過程は「象徴生産」と呼ばれる。「象徴資本」（信頼や称賛など）が行為主体に強制力を発揮する時、「象徴的支配」が成立する。第三に、ブルデューの「ハビトゥス」概念はメディアの受容を解明する概念としても通用している点である。「ハビトゥス」とは特定の階層における特有の習慣、行動様式のことであるため、「象徴」とその意味に対する「認識、評価、行為（選択）」に働きかけている。第四に、ブルデューはメディアの生産者を「知識人」として分析している点である。彼によれば、「象徴生産」の担い手であるジャーナリストなどのメディアの送り手も知識人なのである。彼はメディア業界のオピニオン・リーダー的存在を、「知識人ジャーナリスト（intellectuels-journalistes）」と呼んでいる。

本書では、こうしたブルデューのメディア論の要点を踏まえ、メディアが作り出す中国の中産階級を分析する際に、①メディアという「界」内部で働いている力関係を考慮に入れる、②中産階級に関するイメージの「象徴」およびそれをめぐる「象徴資本」「象徴生産」「象徴的支配」を解明する、③中産階級のイメージの受容過程を「ハビトゥス」と社会空間の連関において考察する、④中産階級のイメージを生産するメディアの送り手たちの階層性を知識人として念頭に置く、ことにする。

第五節　本書の構成

「中産階級とは何か」という問題から出発した本書はこれまで、メディア研究と階層研究の「ミッシング・リンク」を明らかにしてきた。そこで、中産階級の「正体」に接近するには、従来の階層研究にメディア学[10]の視座を導入し、中産階級のイメージから着手することが重要な手掛かりになると考える。本書はメディアの「イメージの構築機能」と「現実の社会的構築機能」に注目し、従来の階層研究とは一線を画し、あえて中産階級の実在性と客観性に対する判断を下さず、H・アドーニとS・メーンによって提示された〈「現実」の社会的構成モデル〉(Adoni and Mane 1984) から示唆を受け、「中産階級とは何か」について図0−1のように捉える。

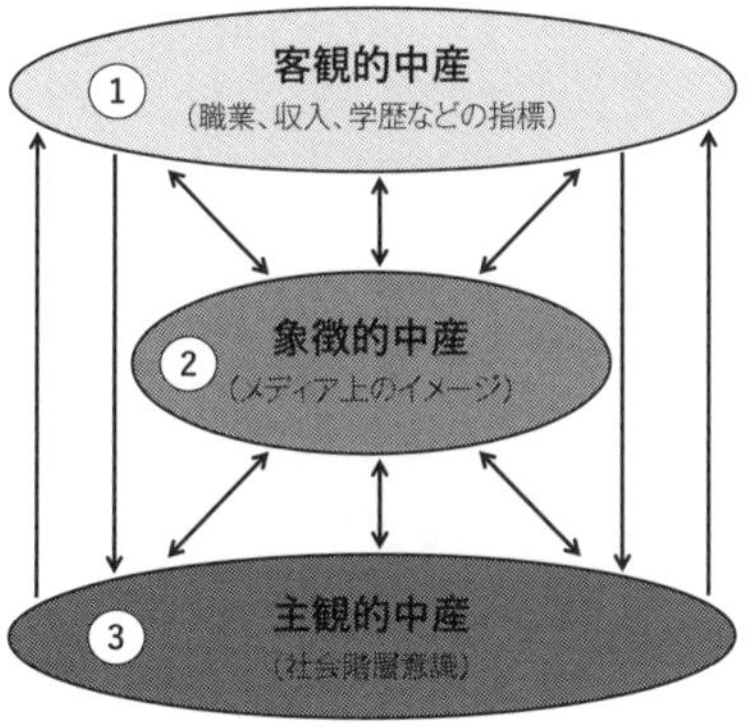

図0-1：中産階級とは何か（筆者作成）

　図0−1のように、本書では中産階級を三つに分けて考える。まず、社会に実際に現れた裕福になった人々がいる。階層階級研究では、彼らを中産階級と定義するが、本書ではそれを「客観的中産」と呼ぶ。次

に、メディアによって作り出されたイメージとしての中産階級がある。本書ではそれを「象徴的中産」と呼び、またそれを切り口として考察することで中産階級の「正体」を探ろうとする。さらに、個々人の階層意識としての中産階級がある。本書では、それを「主観的中産」と名づける。最後に、これら三つの中産階級は相互に（また弁証法的に）影響を及ぼしあい、相互作用の中で、中産階級が形成され、定着していくという仮説を本書は立てている。

以下、本書は現代中国のメディアが描く中産階級のイメージ（「象徴的中産」）に焦点を当て、そのイメージが中国の経済成長と社会変動の中で、いかに生産され、受容され、階層の再生産にいかなる影響を及ぼしているかについて具体的な分析を行っていく。そして、現代中国におけるメディアと中産階級の相互関係を明らかにし、中産階級が現代中国という文脈の中でいかにメディアによって作り出され、社会にいかに影響を与えてきたのかを解明していく。

第一章では、現代中国における中産階級の定義とその実態・意識を既存の階層研究から概観し、中国の中産階級がいかなる特徴を持ったものとして論じられてきたのかを明らかにする。さらに中国における中産階級に関する議論の背景となる中国政府の態度の変化や関連政策について論じ、現代中国の中産階級が中国国内外で注目される要因を明らかにする。

第二章では、現代中国の代表的な新聞、「人民日報」と「南方週末」の中産階級に関する記事を拾い上げ、新聞がいかに中産階級のイメージを作り出してきたのかを解明する。新聞は政府や学術界の影響を受けつつも、メディア独自の手法で中産階級イメージを形成してきていることを明らかにする。また、メディアが描く中産階級のイメージには強い政治志向が存在していること、メディアが中産階級の概念を訳語ごとに使い分けていること、メディアの作り出す中産階級のイメージには職業上の偏りやジェンダー・バイアスが存在していることなどを指摘する。

第三章では、こうした中産階級イメージの生産過程に着目し、新聞メディア関係者への聞き取り調査に基づいて、メディアの製作者と発信者の視点を考察する。現在、中国のメディア、特に伝統メディアとして、新聞は依然として政府の管理を受けている。しかし、産業化や商業化の下で、またインターネットの影響を受けたことで、市場と受け手の需要を考慮しなければならない状況に置かれている。さらに外資の参入によって海外メディアとの接触や協力関係も増えている。こうしたメディア環境の変化により、新聞の製作者は、「政治安定、経済発展、社会調和」という政府の意向に沿いつつも、国内外の様々なニーズに対応して新聞の「二次販売」のために売り上げを伸ばし、中産階級のイメージを積極的に作り上げるようになっている。さらに生産者自身が知識人として、また中産階級の構成員でもあるため、中産階級のイメージを作り出すことが自分自身の社会身分を自ら構築していることも指摘する。

第四章では、中国人による中産階級イメージの受容過程に着目する。イメージの受け手に対するインタビュー調査に基づき、今日、中国の「能動的受け手」による中産階級に対する「多様な解釈」について論じる。中産階級イメージの受容過程においては、ジェンダーや世代、学歴や職業、ライフヒストリーなどが交差する。参与観察を通じて、豊かになって中産階級を自称するようになった受け手に焦点を当て、彼らが日常生活の中で、いかにメディアが作り出す中産階級のイメージから影響を受けて消費活動を行い、さらに消費活動を通じて、中産階級という社会的身分を再生産していくかという動態的なプロセスを明らかにする。

第五章では、結論として、第一に、現代中国ではメディアが描く中産階級イメージは必ずしも中国政府の「政治安定、経済発展、社会調和」の意向を単に反映したものではなく、むしろ中国のメディアがグローバル化時代の中で海外のメディアと接触しながら、売り上げを伸ばすために国内市場のニーズに合わせ、中産階級の構成員としての送り手・作り手が自ら構築したものであることを指摘する。メディアが作り出した中産階級イメージは中国人の日常生活に浸透し、裕福になった人々に中産階級を示す記号やハビトゥス、階層の再生産を可能とする様々な手本を提供している。

第二に、現代中国の中産階級は、既往研究で論じられてきたような一定の収入・学歴・職業などの客観的指標によって規定されるわけではなく、また単に中産階級に関する階層帰属意識の有無によって規定されるものでもないことを指摘する。しかし、まぼろしの中産階級はメディアによって作り出された想像上の階層である。現代中国の中産階級は、メディアによって作り出されているが、イメージの媒介作用の下で、また裕福になった中国人の日常的な消費行動の中で、虚構と実在が微妙かつ複雑に交差していることを指摘する。

第三に、現代中国で作り出された想像の中産階級と「高度経済成長期」の日本における中流との比較を行う。その結果、日本も高度経済成長期に、現代中国と類似した想像上の中産階級が存在したことを確認する。日中両国の中産階級に共通した想像性が生まれた要因として、メディアの発展にともない客観的属性と主観的意識とを媒介するイメージの形成メカニズムが考えられる。

最後に、本書は、メディアが描くイメージを視野に入れて分析してこなかった従来の中産階級をめぐる国際比較研究に、新たな地平を開く端緒となりうることを示す。

【注】

1　「中流崩壊論」に関する代表的な学者の所論は経済学者・橘木俊詔（1998）、社会学者・佐藤俊樹（2000）、教育社会学者・苅谷剛彦（2001）を参照されたい。政治家の関連する主張としては小渕内閣が一九九九年に発表した「日本経済再生への戦略」、二〇〇一年以降の小泉政権と安倍政権の国会議論での公言から確認できる。メディア上の諸議論は「中央公論」（二〇〇〇年五月号と一一月号）、「文藝春秋」（二〇〇〇年五月号）などが挙げられる。

2　「三つの代表」論とは、①先進的な社会生産力の発展要求（＝経済発展の促進）、②先進文化の前進方向（科学、文化の発展、道徳教育の強化など）、③最も広範な人民の利益、この三つを中国共産党が代表しなければならないという考え方である。

3 アジア・バロメーターは政治学者の猪口孝氏によって主導されてきた。東アジア、東南アジア、南アジア、中央アジアを含む広義の東アジアを対象とした地域調査プロジェクトであり、普通の人々の日常生活に焦点を当てている（https://www.asiabarometer.org/ja/data）。二〇〇六年のアジアバロメーターの調査データには日本（一〇〇三サンプル）、韓国（一〇二三サンプル）、中国大陸（二〇〇〇サンプル）が含まれている。

4 本分析はアジア・バロメーターでの質問文Q８「あなたの生活水準は、この中のどれにあたりますか」を取り上げている。確かに生活水準を「平均的」と答えることは、必ずしも中産階級への階層帰属意識を意味してはいない。しかし、既存の諸階層意識研究から見ると、両者には強い相関関係があり、概念が重複する部分もたくさんある（盛山、直井ほか 1990: 70）。

5 ここでの「客観的」というのは、職業・収入・学歴という三つの客観的な指標を同時に満たす中産階級を指す。この手法を用いた理由は前述したように、中産階級を規定する基準のいずれを採用するかによって、たとえ同一の社会においても、異なる中産階級を描き出しうるわけであるため、客観的な中産階級を算出するには、職業・収入・学歴という三つの客観的な指標を同時に満たすのがより妥当だと考えるからである。

6 職業、学歴、権力などの非経済的と言われる要素と中産階級の階層帰属意識との関連が弱いということを、坂元慶行と友枝敏雄は一九五五年から一九八五年のSSM調査を分析した結果で確認している。

7 『情報学事典』を参照すると、本書で言う「メディア」とは単に情報を運ぶ役割を担う装置としてのコミュニケーション媒体装置のことを意味するだけではなく、それらコミュニケーション媒体と社会諸力との節合、すなわち、技術・記号・政治・文化といった次元が絡まりあう媒介的過程をも内包しているのである。

8　A・H・ハルゼー著、藤田英典訳「メリトクラシーの幻想」『教育と社会変動 上』東京大学出版会、1980, pp.127-148; 盛山和夫、「家族と継承」、蓮實重彦編『家族 東京大学公開講座 66』、東京大学出版会、1998, pp.221-222; 宮島喬『文化的再生産の社会学――ブルデュー理論からの展開』、藤原書店、1994, p.10; 北澤尚子「現代社会における『文化』の一視角――ピエール・ブルデューの文化的再生産論」『金城学院大学大学院文学研究科論集』(6), 2000-03-20, pp.51-62 を参考。

9　志水宏吉「Ⅱ文化的再生産論の可能性」『教育社会学研究』(42), 1987, p.263。

10　ここで言う「メディア学」とは、人文社会科学的な批判理論、およびその実証的研究を指す（北川ほか編 2002: 919, 925）。

第一章

現代中国の中産階級
——その構成と特性

序論の図0-1に基づき、メディアによって作り出された「象徴的中産」を分析する前に、まず既存の階層階級研究で語られた「客観的中産」と「主観的中産」を整理する必要がある。それは「象徴的中産」と比較対照するための作業である。では、階層階級研究の基準に照らし、現代中国では中産階級がいつ誕生したのか。現在、どのような中国人が中産階級となりうるのか。階層階級研究における中国の中産階級はいかに構成され、いかなる特性を持っているのか。本章では、こうした疑問に既存の階層階級研究から答えていく。

結論を先取りすれば、中国の中産階級に関する階層階級研究は主に職業を中心に、収入と学歴の客観的指標を加えて、さらに階層帰属意識という主観的指標を用い、中国の中産階級の構成を説明しその規模を算出してきている。そうして規定されてきた中国の中産階級は、中国という国家の歴史的政治的影響を受け、日本の中流に見られない特性がある。

第一節　現代中国における中産階級の誕生

二〇〇〇年頃から議論されてきた中国の中産階級は実際、一九世紀前半に誕生し、一度消滅してから再び現れた存在である。既存の階層階級研究によれば、中国の中産階級がはじめて歴史の舞台に上がったのは、一九二〇年代頃である。

第一次世界大戦の勃発後、中国では近代的な商工業・金融業・不動産業・社会事業・交通事業・文化教育事業などの発展にともない、かつて存在しなかった頭脳労働に従事する俸給生活者が現れ始めた。それら近代的な教育を受けた、俸給生活者としての中国人が、はじめて「中産階級」と称されて社会に注目されていた。

中国の階層階級研究者の推測によると、一九二〇年から一九四九年までの上海だけでも、中産階級の規模は五〇万人以上に上ったという（忻平 1996: 132-137; 周暁虹 2005: 327）。当時の中産階級は主に民族資本家、専門職や管理職、知識人から構成されており、国民党政権の下で経済的・社会的地位を獲得した。彼らは近代的な価値観と生活習慣を身につけ、消費領域においては、西欧的なものを熱心に中国に持ち込んで流行の作り手となっていた。彼らの多くは動乱・戦乱の中で、政治運動[1]に積極的に参加していた。

ところが、一九四九年の今の中華人民共和国が建国した後、階級のない平等な社会主義国家を作るために、中国政府は農村部における「土地改革運動」や都市部における農業・工業の「社会主義改造」を経て、また「私有財産の存在を認めない、私有財産を保護しない」一九五四年の憲法を通じて、階級差の経済的土台を排除しようとしていた。それにともない、一九二〇年代に生まれた中産階級の「萌芽」も消滅した。さらに、「二つの階級、一つの階層」という社会主義的な階層構造が打ち出され、「中産階級」とその言葉も「資本家階級」とともに社会全体から糾弾され、打倒の対象となっていた。同時に、中産階級特有の消費パターンやライフスタイルが、「資本主義の腐敗の象徴」として厳しく批判された。したがって、一九四九年以降、中産階級はしばらく中国で生存する余地がなかった。

一九七八年一二月に中国共産党の第一一期三中全会（全称：中国共産党第一一期中央委員会第三回全体会議）が開かれた後、改革・開放の政策が実施された。政治の改革では、一九七八年までの「階級闘争」を中心とした国家政策が、「経済建設」を中心とするものに移行した。それにともない、政治観点による身分の区分が取り消され、農民の移動を制限した戸籍制度が改正され、農民の都市への移動が許可されるようになった。経済的な面では、一九七八年に農村での商工業活動が解禁され、一九七九年二月に国務院は「私営企業を発展させよう」という報告をはじめて採択した。一九八八年に私営経済がはじめて中国の憲法に記入された。一九九二年一月から二月に鄧小平は「南巡講話」を行った後、中国政府は市場経済を育成するために、自由競争の原理や外国資本を積極的に導入した。その結果、中国経済所有制の構成が国有制経済のほか、民営経済、私営経済、株式制企業、合資と外資企業といった多元的なものになってきた。中国の経済体制改革も新たな段階に突入した。他方、産業構造と分配制度の調整が始まり、新しい労働・人事・教育制度の確立、社会保障体系の完成、法制上の健全完備、グローバリゼーションなど内部と外部からの力が共同作用する下で、中国社会では元来閉鎖的であった社会階層の構造は大きく変化し、中国社会の階層間の移動も加速した。そこで、管理者層、専門技術者、自由業者、私営企業主といった新しい集団の出現が、幅広い注目を浴びるようになった。

二〇〇〇年に江沢民が「三つの代表」論をはじめて提唱し、また二〇〇一年七月一日に、中国共産党成立八〇周年を記念する大会の演説で、「改革・開放以来、わが国の社会階層の構成には新しい変化が起こった。民営科学技術企業の創業者と技術者、外資系企業に招聘された管理技術者、個人企業、私営企業家、仲介組織の従業員、自由職業家などの社会階層が出現した。それに、多くの人は異なる所有制、異なる業界、異なる地域へと頻繁に移動し、人々の職業、身分は常に変動する。このような変化はこれからも継続していく」と述べ、「私営企業家や外資系企業に招聘された管理者・技術者」という表現を用いて改革・開放以降に現れた新興階層を構成する職種を具体的に列挙し、彼らの入党を認めることを提案した。政治的要請に後押しされて、この新興階層が後に中国国内外の研究者やメディアに「中産階級」と名付けられるようになった。

第二節　中国の中産階級の主要構成

一九九九年に、中国社会科学院の李鉄映院長（党中央政治局委員）の指示を受けて、「社会階層に関する研究」が正式に始まった。当時、社会学研究所所長の陸学芸を組長として数十人の研究者が課題グループを編成し、三年にわたる調査分析の成果、『当代中国社会階層研究報告』（以下、『報告』）を二〇〇二年に出版した。『報告』では、現代の中国社会を職業とそれに付随する組織資源、文化資源、経済資源という三つの資源によって分類し、一〇階層に分けている（表1−1）。

この「現代中国の一〇階層」に基づくと、「社会資源分配の中間に位置づけられる存在」と定義できる中産階級には、「国家・社会管理者」「企業管理職」「私営企業家」「専門技術職」「事務員」「零細経営者」「商業・サービス業従業員」「産業労働者」「農業労働者」が含まれている。

『報告』が出版された二〇〇二年以降、中国共産党第一六回全国代表大会の報告をはじめとする一連の政治的要請に応じ、現代中国における中産階級の構成や規模などを論ずる中産階級の研究ブームが今日まで続いている。階層階級研究者も中国の中産階級の構成を絶えず語ってきた。そのうち、代表的なものを挙げてみると、たとえば、南京大学の周暁虹を中心にした中産

表1-1：現代中国の10階層

階層名	特徴	割合（%）	五大社会経済等級上の地位
国家・社会管理者	組織的資源（権力など）を有する	2.1	上層、中の上層
企業管理職（マネージャー）	文化的資源（学歴・資格など）あるいは組織的資源を有する	1.6	上層、中の上層
私営企業家	経済的資源（財産など）を有する	1.0	上層、中の上層、中の中層
専門技術職	文化的資源を有する	4.6	上層、中の上層、中の中層
事務員	若干の文化的資源あるいは組織的資源を有する	7.2	中の中層
零細経営者	若干の経済的資源を有する	7.1	中の中層、中の下層
商業・サービス業従業員	組織的・文化的・経済的資源をほとんど有さない	11.2	中の中層、中の下層、下層
産業労働者	組織的・文化的・経済的資源をほとんど有さない	17.5	中の中層、中の下層、下層
農業労働者	組織的・文化的・経済的資源をほとんど有さない	42.9	中の中層、中の下層、下層
無職・失業・半失業	基本的に、いずれの資源も有さない	4.8	下層

（出所）陸学芸編（2002：9）

階級調査グループがある。

周暁虹（2005）によれば、中国の中産階級は①私営企業家と郷鎮企業家、②小企業主などの自営業者、③国家機関・政府部門にいる公務員と知識人、そして国営企業の高層管理職、④外資企業のホワイトカラー、外資企業で働く中国側の管理層と高級職員、⑤企業と社会組織の管理者、⑥留学して帰国した創業者、建築家、弁護士など、という六つのカテゴリーから構成されている。

職業基準のほか、階層階級研究者はまた、収入の指標から中国の中産階級の構成を規定しようとしている。たとえば、張宛麗（2002）は個人の年収は二・五万から三・五万元（約四〇万から五八万円）、世帯の年収（三人家族の場合）は五万から七万元（約八三万から一一六万円）を中産階級の収入と規定している。中国国家統計局（2005）のデータによれば、中国の中産階級の世帯収入は年間六万から五〇万元（一〇〇万から八二九万円）である。[2] 李培林と張翼（2008）は二〇〇六年に中国社会科学院社会学研究所が実施した「中国社会状況調査」（ＣＧＳＳ２００６）のデータに基づき、個人の年収は一・四万から三・五万元（約二三万から五八万円）を中産階級の収入として扱っている。李春玲（2016）は国際基準を参照し、個人の日間収入一〇から一〇〇ドル（一一五〇から一万一五〇〇円）を中国の中産階級の収入に規定している。[3] こうして、収入基準から中産階級の構成を語る説が様々あり、数字が定まっていないことが窺える。広い中国における地域格差や物価水準の格差を考えると、収入は確かに相対的数値にすぎない。

不揃いな収入基準と比べて、既存の階層階級研究は中国の中産階級を語る際に、それら構成員の学歴に対し、一致した見解を示している。つまり、大学卒以上の学歴を持つことは、中産階級の構成員の「必須条件」なのである。

さらに、階層階級研究で規定された中国の中産階級の規模を見ると、中国社会科学院の張宛麗（2002）は中産階級が全就業人口の約一三から一五％を占めていると『報告』で指摘した。二〇一六年、中国労働学会の蘇海南は中国国家統計局が発表している統計や複数の研究機構の世帯収入の調査データを基準・参考にして、中国の中産階級は全国の人口総数一三億六七〇〇万人の一八％であると算出した[4]。したがって、中産階級は今の中国社会ではまだ少数派だと言える。他方、中国社会科学院が実施した「中国社会状況調査」によれば、中国人の階層帰属意識を測定させたところ、二〇〇二から二〇〇八年の九回の調査で「中」の階層帰属意識を持つ回答者が五割を超えたことは一度もない（张翼 2011）。

したがって、「中産階級が世界最大の規模に達した」と言われ、世界的に注目されている中国は実際、中産階級が客観的にも主観的にも特異的に見られる。

第三節　中国の中産階級の特性

これまで見てきたように、中国の中産階級の誕生と発展はまず、日本やアメリカのものとは異なり、中国という国の歴史や政治性から強い影響を受けている。それは中国の中産階級の生まれつきの特性だと言えよう。

次に、中産階級の構成も中国独特の経済や政治体制に関わっている。中国社会科学院の李春玲によると、社会学の中で一般的に「新中産階級」[5]と規定される「国家・社会管理者」「企業管理職」「専門技術職」「事務員」と比べて、中国では社会学の一般的意味での「旧中産階級」[6]に属する「私営企業家」と「零細経営者」の割合が高いのである（2005: 490, 501）。彼女の統計によれば、二〇〇六年においては、中国の都市における「旧中産階級」の割合は一九・六%、「新中産階級」の割合は一八・八%である（2009: 5）。したがって、階層階級研究で規定された中産階級の構成も日本やアメリカのそれと異なっている性格が読み取れる。

さらに、中国の中産階級の特性が「中産階級」の用語とその類語の使用にも見られる。中産階級に関する中国側の研究では、「中等収入階層」「中間階層」「中産階級」「中産階層」などの用語が使われている。そのうち、「中等収入階層」と「中間階層」は政府の公文書や政府の関連政策について論じる際によく使われている。中国社会科学院の李培林ほか（2005）によれば、「中間」と「中等」は社会の中間部分を占める社会集団のことを指しているものの、単なる収入の規準によって決められた概念として、時間と空間の制限を大いに受けている。そのため、「中間階層」と「中等収入階層」はきわめて相対的な概念である。それらに対して、「中産」というのは一定の「(財）産」を持ち、職業・消費・生活様式など多重な要因に基づいた概念であって暮らし向きや消費志向に関する研究に向いている。ところが、「階級」という言葉は「対立」や「闘争」を喚起する言葉になりかねないので、今日の中国社会を国内で分析する際に、「階級」ではなく「階層」のほうが好まれる。

そして、中国の中産階級を構成する男女の比例も特徴的である。中国社会科学院の李春玲の統計によれば、職業という基準で定められた中国の中産階級のうち、男性の割合は五七・二%

であり、女性の割合は四二・八％である（李春玲 2005: 491）。収入という基準で決められた中国の中産階級のうち、三分の二は男性（六七・三％）であり、三分の一は女性（三二・七％）である（*ibid*.: 493）。主観的指標で測られた中国の中産階級のうち、男性は四九％、女性は四四・六％であり、男女の差がわずかである（*ibid*.: 499）。したがって、日本では、中産階級というと男性はサラリーマンであり、女性は主婦であるという男女役割分担のイメージがいまだに根強いのに対して、中国の中産階級には男女の役割分担がそれほど見られないのである。

最後に、中国の中産階級の政治的・経済的・社会的役割がこの階層の特性であると、中国の社会学者は強調している（陸学艺 2002; 李強 2003; 李培林・张翼 2008 など）。彼らによれば、中国の中産階級はすでに今日の社会の行動規範のモデルになっている。今後、中国の中産階級が拡大していくことで、社会的安定と経済的繁栄を保証されるのだという。すなわち、中国の中産階級は社会の上層と下層の間を仲介する緩衝材的な層であり、社会的格差と衝突を阻止する力がある。また、中国の中産階級は改革・開放の恩恵を受け、良好な教育背景を持ち、温和な政治的態度を有するので、急進的な思想や衝突を引き起こすような行動を取らない。さらに、経済力のある中産階級は旺盛な消費需要を生み出し、中国市場の安定と経済発展をもたらすのである。

【注】

1　たとえば、一九二五年から一九二七年までの職員運動、一九三一年の「九・一八事変」（満州事変・柳条湖事件）と一九三二年の「一・二八事変」（第一次上海事変）が勃発した時に行われた救国運動など。

2　李春玲「中国中産階級的現状、特徴及増長趨勢」http://ptr.chaoxing.com/course/123106.html 二〇一七年三月一日にアクセス。

3　李春玲、「中等収入標準需精準界定」「人民日報」、二〇一六年一二月七日〇五版。

4　「中国、中産階級はわずか18%」人民網日本語版二〇一六年一一月一六日。

5　「新中産階級」とは「非現業部門の職種の雇用従業者層を指す。具体的には、中央・地方の統治機構、公私の企業組織などに所属する専門的職業・技術的職業・管理的職業・事務的職業・販売的職業などの職業分類に分類される職種の雇用従業者を指す」（濱島ほか編 1980: 208）。

6　「旧中産階級」とは「小所有＝小経営として存在する自営農民層や、都市商工自営業層など」を指す（濱島ほか編 1980: 69）。

第二章

新聞に描き出された中産階級のイメージ

本章は現代中国の新聞メディアに注目し、そこに現れた中産階級のイメージが、一体いかなるものなのかを明らかにするとともに、中産階級のイメージの構造も解明するものである。

まず分析手法や分析資料と検索方法について簡単に説明したうえで、分析資料となる中国の新聞における中産階級の年次別報道量の推移を整理する。同時に、政府の政策との関係を論じ、新聞における中産階級の訳語とその意味内容を考察する。また、新聞による中産階級の定義と基準を分析し、新聞における中産階級の構成を検討する。さらに、中産階級を描写する新聞の手法を、中産階級を表現する際に用いられる修飾辞と動詞の使用状況、および「間テクスト性」から考察し、新聞の中産階級に対する態度を読み取る。

第一節　分析方法・分析資料・検索方法

本章では、中産階級のイメージを分析する際、主に採用する研究手法について、まず量的集計の意図と方法を紹介し、その後、言説分析に関する考察を行い、本章の分析モデルにあたる「間テクスト性」について説明していく。

一　量的集計

本来、メディアのイメージを分析する際に、内容分析を採用するのが、最も一般的かつ妥当な手法であるが、本章では、あえて内容分析という言葉を使わず、代わりに「量的集計」という語を用いて類似した分析を行う。

内容分析ではなく、量的集計という用語を選んだのは、本章における中産階級のイメージに関する分析は、筆者一人で行ったものであるため、完全に客観的な分析だと言えないことを自覚しているからである。また、本章で取り扱った分析資料にはデータベース上の不完備性が残り、技術的にかなり面倒な点から、統計作業にコンピュータを利用することが不可能である。そのため、すべての統計は筆者の手作業によっており、そこから得られたデータには、研究途上ということもあって、十分な時間と労力を注ぎ込む余裕がなかったといううらみが残る。したがって、本格的な内容分析としてはけっして十分とは言えない。また統計方法に改善すべき問題点もいくつか残されている。そこで、本章では、内容分析という言葉を使わず、量的集計という用語を用いて、得られた結果には不十分さがあることを認めつつも、量的な測定を中産階級のイメージの分析に取り入れることで、データが示している基本的特性を提示することにする。

本章は量的集計を用いて、新聞における中産階級のイメージに存在する特定の特徴を体系的かつ数量的に把握することで、メディア間の比較、時系列的変化の追跡を行い、中産階級の意味とその時代的・文脈的特徴を見出そうとする。分析対象を中産階級の訳語をそのまま使っていた報道・記事に絞り[1]、そこで析出された中産階級のイメージを、量的集計で把握できる範囲に限って、計量的に記述することにする。

具体的には、以下のような操作的指標を用いながら量的集計を行っていく。以下、指標ごとにその採用理由についても説明する。

1. 関連記事の年度別掲載頻度

分析の期間中、中産階級の訳語が直接使用された報道・記事を選び出す。年次ごとに中産階級に言及した報道量を測定し、記事頻度の単純集計を行う。関連記事の年度別掲載頻度は新聞の中産階級に対する認識の重要度と一致すると考えられるため、こうした時系列的な動きを掴むことによって、メディアの中産階級への関心の推移を時代背景と合わせながら追跡でき、中産階級に関する新聞記述の時間的推移を把握することができる。また、この指標に関する分析を通じて、新聞が中産階級を取り扱い、そのイメージを作り出す時代的背景を考察し、新聞と階層階級研究の中産階級に注目する時間を比較することが可能となる。そして、中産階級のイメージと政府・政党の政策との関係や、階層階級研究で取り上げられた中産階級とのつながりの一端を窺い知ることができる。

2．中産階級に関する訳語間の比較

この分析を通じて、新聞紙上で異なる訳語によって表現された中産階級の異なる意味合いを明確にする。階層階級研究における中産階級の訳語とその解釈の仕方とを比較対照できる。そこで、新聞における中産階級のイメージの特徴を明らかにすることができる。

3．中産階級の構成分析

まず新聞で取り上げられた中産階級がどのような基準によって定義されているかについて検討する。新聞による中産階級の定義にしたがい、新聞で扱われた中産階級の特徴や、中産階級を構成する要素（たとえば、職業、学歴、収入、消費財など、あるいはさらに別の要素）を明らかにする。こうした中産階級のイメージの構成を明らかにする作業によって、新聞上の中産階級イメージとは一体いかなるものなのかを解明できると同時に、階層階級研究で語られた中産階級と照合することも可能になる。また、それは階層階級研究における中産階級の分類基準と比較するためでもある。

このほか、従来の階層階級研究では、女性・ジェンダーの視点が欠けているとしばしば批判されている。メディア研究でも、メディア表現上でよく見られる「性の二重基準」（ダブル・スタンダード）を見落としてはならないと、常に指摘されている。そのため、本章では、従来の階層階級研究の欠陥を補い、またメディア研究の伝統を継承するには、同じく中産階級という社会的階層地位に達した男女に対して、新聞が異なった評価を付与しているかどうか、両性に対する非対称な表現が、新聞の中産階級に対する記述において定型化して定着しているかどうかを検討する。

4．中産階級に対する報道の態度

中産階級に対する新聞の報道態度と方向は、特定のイメージを形成するのに重要な役割を果たしていると言える。これは現代社会でメディアが占める社会的位置や、その影響力の波及効果が非常に大きいという事実から容易に推察することができる。本章では、中産階級に対する修飾辞の分析と動詞の分析、また中産階級を語る主体の社会的ポジションに関する考察を通じて、中産階級に対する新聞の報道態度を総合的に把握する。

具体的には、形容詞の使用を分析することによって、中産階級が新聞によっていかに描かれ、いかに評価されているかを明らかにする。この分析の基本的な考え方は次の通りである。すなわち、人物や事物に対する評価に影響を及ぼす表現には様々なものがあるが、特定の人物や事物に対する多種多様な評価的表現に接した後に人々の頭の中に残るのは、結局、形容詞で表された単純なイメージである。つまり、複雑な現象をできるだけ単純化して理解し、形容詞によって表現されたイメージだけを覚えてしまうという人間の心理特性があるのである（辻村ほか編 1987: 169）。

また、動詞分析の場合、中産階級が主語か目的語となる場合、一緒に用いられる動詞について分析を行う。この分析を通じて、語り手と新聞の中産階級に対する態度が読み取れる。

さらに、新聞紙上の中産階級が誰によって語られているかを観察すると同時に、語り手の主張や見解も考察する。本章では、語り手に関する判断の基準は、報道・記事の中で、誰が中産階級について語っているか（すなわち、新聞に寄稿し、中産階級に関して自分の考えを表現する者、および記者のインタビューに応じて中産階級について語る者）だけに注目することに基づく。実際、その語り手に複数の身分（たとえば、学者であり、また中産階級の一員でもある）があるかもしれないが、筆者は語り手が新聞に登場する際に示されているその身分のみに注目し、それをその報道・記事の語り手と判断する。

以上の分析を通じて、新聞紙上の中産階級のイメージがいかに生成されてきたかを明らかにするとともに、中産階級に対する報道の態度が窺え、また中産階級に隠されたイデオロギー(政治的・戦略的意味)が発見でき、さらに、階層階級研究の中産階級に対する論調とも比較できる。

5. 新聞間の比較

各紙の立場なり見解なりに相違があるとすれば、新聞が中産階級を報道する傾向の違いや、傾向の違う新聞間における中産階級のイメージの差も存在しているはずである。したがって、中産階級のイメージの様相を探るには、新聞間の傾向の相違を抽出することも一つの不可欠な分析となる。

以上は中産階級のイメージを考察する際に、量的集計を用いる際の操作的指標である。とはいえ、本章の分析は量的集計に全面的に依拠しない。なぜなら、量的集計はメディアに表明された内容のみを扱い、内容が表現していない「隠れた意図」を、直接的に問題として扱えないからである。また量的集計のみに依存すると、中産階級のイメージの背後に潜む諸力の関係を見出すことができなくなるからである。そのため、筆者は量的集計を採用すると同時に、中産階級の意味を見る際に、質的な言説分析のアプローチも導入する。そこで、量的集計によって示唆された知見を、言説分析を用いて検証する。すなわち、量的集計で捉えられた統計的な関連もしくは相関を、言説分析を用いて意味づけ、理解する（見田 1965）。

二　ニュースの言説分析

言説分析とは表象の内容を超えた分析方法なのである。言説分析を使うことで、表象の内容だけではなく、表象の意味の生成と解釈にも関心を払い、表象と意味を規定する社会的文脈や、イデオロギー的側面、歴史的・政治社会的・文化的な制約などの問題を考えることができるようになる。

本章では言説分析を行う際に、具体的には、第一に、中産階級が定義づけられ、表象され、意味づけられる過程に注目し、それを分析する。それに関連して第二に、中産階級が、現代中国という特定の歴史的・社会的文脈の中で生じたものであることを念頭に置いて分析を行う。第三に、中産階級の表象、定義づけ、意味づけの過程で働くヘゲモニーを考察する。第四に、新聞上で中産階級を語る主体の社会的ポジションに注目し、語る主体の階層性や利害関心などを探求する。同時に、誰がどのような立場から語っても、似たような語りが現れるか否かを検討する。[2] そこで、「隠れた権力」（Fairclough 2003: 46）をはじめ、中産階級のイメージに作用する諸力学を分析する。

三　「間テクスト性」

前述のように、言説分析の手法を用いることで、表象とその社会的文脈との関連を捉えることができるようになる。ところが、それだけではなく、表象を構成する諸要素の相互関係に関する分析も言説分析においては重要である。つまり、ある特定の表象は必ず他の表象に関係している。ある特定の表象をめぐって、他の表象も利用可能であり、共存している。それゆえ、ある特定の表象の意味はこうした多元的な諸関係の中で認識され注目されるべきである。

前述のように、現代中国においては、中産階級が社会的な関心を持たれるまでは、政府筋、学術分野、メディアの連動があった。したがって、中産階級に関する新聞の報道・記事は、必ずしもその報道・記事単独で中産階級のイメージと意味が生産され、消費されるわけではない。他のメディアや語り手などが送り出す中産階級のイメージと関連しながら、中産階級のイメージとその意味が生産され、消費される可能性が十分ある。まさにそこに焦点を当てて分析するため、筆者は表象の連関およびそれらが構成する全体イメージの分析に有効な視座を提供する「間テクスト性」を分析道具として用いる。

具体的には、中産階級のイメージを分析する上で、次の二点が問われることになる。第一に、新聞の報道・記事において、中産階級をめぐって、①政府・政党の政策、②階層階級研究者の語り、③他のメディア・イメージと「間テクスト」的な連関などが、いかに連関しあい、相互嵌入・相互作用・相互反映・相互補完しながら、中産階級という一つの表象に凝集されているのか。第二に、その過程で、また現代中国という特定の時代的背景と社会的文脈の中で成立した「隠れた権力」がどのように作用しているのかである。

なお、新聞上の中産階級に関係する「間テクスト」を考察し、それらは報道・記事の中でいかに使用されているかに注目する。たとえその「間テクスト」のそれぞれの出所は、複数存在すると考えられても、筆者は新聞に提示された出所のみに注目し、それを分類基準として取り扱う。

総じて、「間テクスト性」の概念を用いて次のような結果をもたらすことを期する。①中産階級をめぐって、一つの表象の中に多層的に存在する様々なテーマを分析することができる。②中産階級のイメージの複雑な表象体系が解明できる。③中産階級なるもの、およびその意味づけ、さらにその意味づけのされ方が明らかになる。

四　分析資料

本章は次のような四つの理由に基づき、新聞メディアを分析資料として扱う。

第一に、印刷メディアとしての新聞は記録性と保存性を持ち、反復分析が可能である。また、情報の信頼性と詳報性に関しては、新聞は他のメディアより高く評価され、理想的な分析対象だと見なされている。

第二に、D・マクウェールが指摘するように、新聞の報道・記事は〈多様な読み〉に開かれたソープオペラなどとは異なり、「情報を一律の結末に導く」ものであるので、支配的・多数派的見方を増強する傾向がある（McQuail 1994: 239）。

第三に、「ニュース構造」の視点から、新聞の報道・記事がテクストの相互関連およびテクストの意味の分析に適している（Van Dijk 1985）。

第四に、中産階級のイメージとその意味を本章の研究課題としている関係上、中産階級のイメージの構築過程に作用する諸要因を対象とする。そのため、社会的諸力の産物としてのニュース・テクストに関する分析が必要となってくる。そこで、ニュース・テクストの構成や配置が最も重要な分析対象となりうる（Van Dijk 1985: 86）。

さらに、本章の具体的な分析資料として、中国の新聞では「人民日報」と「南方週末」が選定される。

「人民日報」は中国共産党中央委員会の機関紙であり、最も影響力と権威性のある中国の総合代表紙である。発行部数は二〇一五年の時点で三〇〇万部を超える。共産党の代弁者としての「人民日報」は政府の観点と見解を直接反映し、共産党および政府の方針や政策を伝えるとともに、他の各メディアの報道論調の手本ともなる。「人民日報」は機関紙であるため、人々の意識は直接反映されない傾向があるものの、人々の意識の変動は、政府の見解や政策などから読み取ることができると考えられる。

現在の中国においては、職場では公費で購入されるブランケット判の党機関紙を読み、自宅では自費でタブロイド判の商業紙を購読するというのが、人々の新聞との一般的な付きあい方である。『ＩＭＩ消費行為生活形態年鑑（一九九五〜二〇〇六）』を見ると、北京、上海、広州における新聞の閲読率のランキングでは、上位一〇紙のほとんどが商業紙によって占められている。そこから、党機関紙より商業紙のほうが中国社会に影響力を持つと考えられる。

そこで、「人民日報」に加えて、「南方週末」という「南方報業メディアグループ」に所属する商業紙も分析資料として扱う。

「南方週末」は一九八四年二月一一日に創刊された週刊新聞である。現在、年間一五〇万部発行、「時代の過程を記録する」という方針に基づき、「過渡期」にある中国社会の様々な変化や動向を鋭く捉え伝えている。また、市場の需要に応えようとしながらも、報道の旗手としての「南方週末」は、従来の機関紙が政治と宣伝に重点を置くのと異なり、庶民の社会生活に近づき、読者の関心事を重視しているため、読者に大いに受け入れられ、高い社会的評価を獲得し、中国国内外の注目を集めている。ゆえに、「南方週末」上の中産階級のイメージを分析することによって世論をできるだけ把握し、「人民日報」の分析を補完するとともに、中産階級をめぐってメディア、市場、政府という三者の相互関係が検討できると筆者は考える。

五　二〇〇一年から二〇一一年までの時期設定

中国はWTO加盟の二〇〇一年から北京オリンピック開催の二〇〇八年を経て「第一二次五ヵ年計画」元年の二〇一一年まで、GDPの年平均成長率が一〇・四二％に達し、改革・開放後の好況期の記録を更新し続けていた。「中国の高度経済成長」とも名付けられたこの時期、中国は単に国の経済的成長、個人の収入や消費生活の改善だけではなく、総体的な社会的変動も経験している。特に、この時期に、中産階級に対する社会的関心がはじめて生まれ、高まりを見せていた。

そもそも、経済成長とともに拡大してきた中産階級を、どう評価するのかということは、社会学の最も古典的な問題となっている。かつて、中産階級は日本の「高度経済成長期」のキーとなる概念として扱われ、中産階級と「高度経済成長」の関係も大いに注目され、中産階級は「高度経済成長」が生み出したものだと考えられてきた。

筆者は経済成長と中産階級との関係性自体が検証を要する問題だと考えつつ、中産階級のイメージを切り口として、それに関する考察を通じて、中産階級が帯びている意味や中産階級の背後に潜む諸力の関係を解明し、中産階級と経済成長の問題系を探ることも試みたい。

六　検索方法

　分析の便宜上、中産階級の関連記事かどうかを識別する判断的基準を、中産階級の関連語（英語の「middle class」の中国語訳、たとえば「中等収入層」「中間層」「中間階層」「中産階層」など）に直接かつ明示的に言及しているか否かとする。分析期間中、見出しあるいは報道や記事の本文中に中産階級の関連語が一語でも含まれているものを中産階級の関連報道・記事と見なすことにする。もちろん、中産階級の関連用語を使わないにもかかわらず、それに触れている記事がないわけではない。しかし、できるだけ簡潔かつ客観的な基準を設けることで、分析手続きの信頼性を高めようというのが筆者の意図である。

　具体的に、筆者は中産階級の中国語の訳語である「中等収入（層／階層／群体／人群）」「中産（階層／階級）」「中流」「中間層」「中間階級」をそれぞれキーワードに設定し、「人民日報」のデータベース「人民日報図文数据全文検索系統」を用いて全文検索を行った。そこから、三七八本の関連報道・記事が抽出された。「南方週末」のデータベースが未だ整備されていないため、筆者は二〇〇六年以降の関連報道・記事について「南方週末」のネットのデータベース（http://www.infzm.com/）を用いて全文検索を行った。二〇〇一年から二〇〇五年までの関連報道・記事は「南方週末」の紙面を直接検索することによって得られた。その結果、合計四七三本の「南方週末」上の関連報道・記事が抽出された。

第二節　中産階級の年次推移報道量と中国政府の政策との関係

中国の新聞では、二〇〇一年まで中産階級がまとまったイメージで言及されたことはほとんどない。一九四六年から二〇〇〇年までの「人民日報」を検索しても、中産階級の関連報道・記事はわずか六本しかなかった。その六本の報道・記事はすべて社会主義国家のイデオロギーに基づき、「資本主義社会のミドルクラス」を批判的に捉えているものであった。ところが、二〇〇一年以降、中産階級に対する「人民日報」と「南方週末」の報道量（本数）が増えていく。それを、年次別に実数で示したのが図2-1である。

図2-1の通り、二〇〇一年以降の一一年間を通した報道量で見ると、二〇〇六年と二〇〇七年に中産階級の報道が最も多いことは、両紙に共通する。

時代的背景を見ると、二〇〇〇年に「三つの代表」論が提唱され、二〇〇一年の中国共産党成立八〇周年の記念大会で、建国以来、搾取者として差別され、迫害されてきた私営企業家がはじめて「労働者、農民、知識人、軍人らと同様な社会主義事業の建設者」（江沢民）だと認められた。さらに、党創立八〇周年を記念したこの演説で、江沢民は出身や階層にかかわらず、「祖国と社会主義事業に忠誠を誓う優秀な人」や「党の路線と綱領の実現のために自覚して奮闘する人」を党に迎え入れると述べた。[3]二〇〇二年一一月の中国共産党第一六回全国代

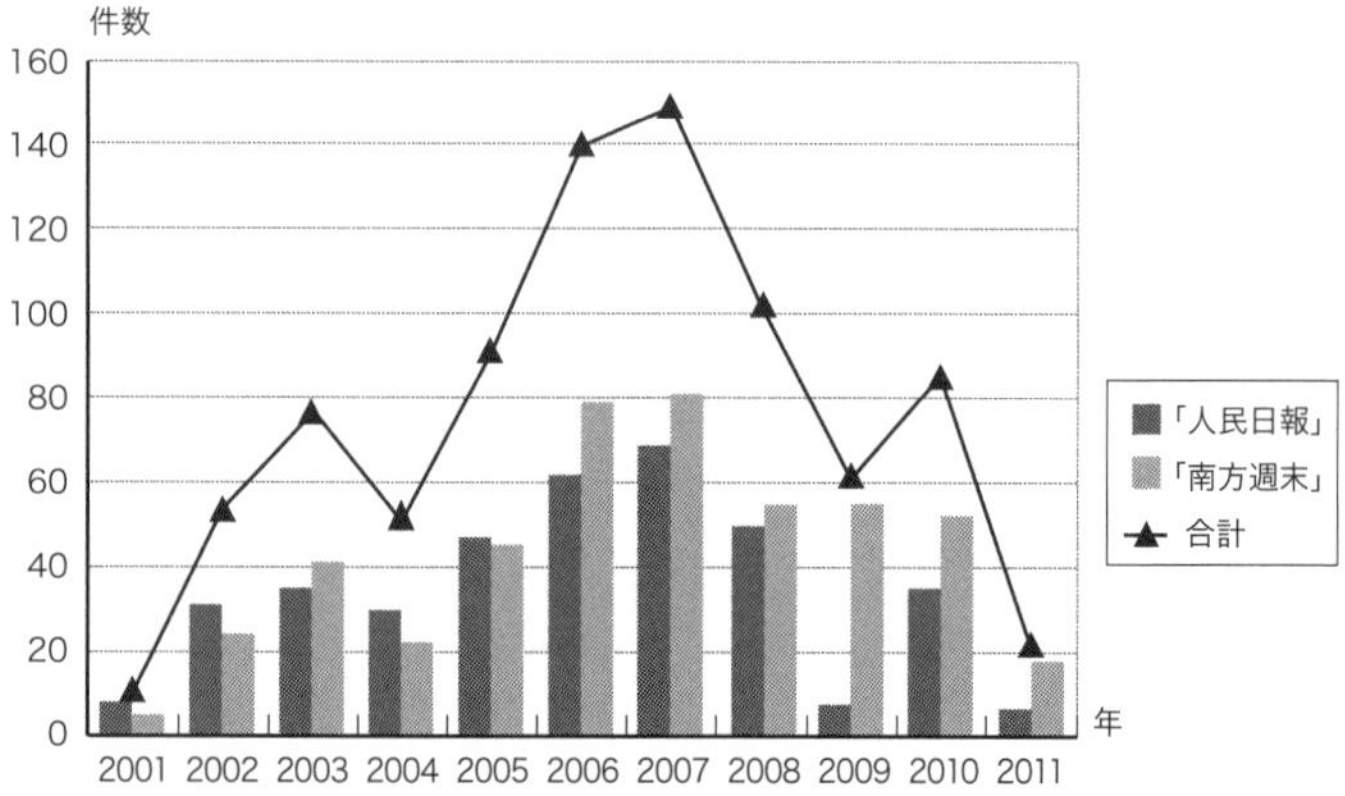

図2-1：関連記事の年度別掲載頻度（筆者作成）

表大会では、江沢民は政府報告の中で再び、「知識分子を含めた労働者階級、広範な農民、……民営科学技術企業の創業者および技術者、外資企業に招聘されている管理者、そして、技術者、個人業者、私営企業のオーナー、仲介組織の従業員、自由業者などの社会層は、……いずれも中国の特色のある社会主義事業の建設者である」と述べ、また私営企業家の入党を認めた一節は党の正式な方針として採択された。同時に、所得格差を是正するために、この大会で中国政府ははじめて「中等収入者」の概念を打ち出し、「中等収入者は主に所得が社会において中レベルにいる人々である。今後の二〇年間で、所得格差を縮小するために、低収入者の収入を高め、中等収入者を拡大する」という目標を掲げた。こうした政治的な動きは中国の新聞に政府の中産階級に対する暗黙の了解・肯定・育成の印として読み取られたため、二〇〇二年以降、「人民日報」と「南方週末」は中産階級に対して、本格的にかつ熱心にイメージ描写を行うようになってきたと考えられる。[4]

続いて二〇〇六年三月五日から一〇日にわたって、中国の第一〇期全国人民代表大会（全人代）第四回会議が北京で開催された。この会議で中国政府は二〇〇六年からの第一一次五ヵ年計画の「要綱」を公布した。その「要綱」の中で、「中等収入者の比率を拡大する」という目標が再び強調された。二〇〇七年一〇月一五日から二一日には、中国共産党の第一七回全国代表大会が開かれ、「科学的発展観」[5]と「和諧社会」[6]という二つの考え方が、新たに党規約の中に書き込まれた。それは今後の中国が矛盾のない、かつ均衡のとれた社会の発展を目指すことを宣言するもので、これを受け新聞における中産階級の関連報道・記事はピークを迎えた。

二〇〇六年三月七日、「人民日報」[7]は「国民経済・社会発展第一一次五ヵ年計画要綱」[8]を全文掲載した。二〇〇六年三月九日、「九大目標は〝十一五〟の中国を描く」[9]という報道の中で、人民代表委員の話を引用し、「中等収入者を拡大する必要性と重要性」をさらに論じた。二〇〇六年四月一日の記事「人間本位が科学的発展観の核心である」[10]、および二〇〇六年四月八日の報道「改革を深化させ、開放を拡大させることが科学的発展観を貫徹する必然的な要求である」[11]では、「人間本位で、調和のとれた、持続可能な科学的発展観および社会主義的な調和のとれた社会の建設という重大な思想」を評価し、今後、社会の格差を是正するため、「所得分配を合理的に調節することを重視する」「低所得者の所得を高め、中等所得者の比率を拡大し、高所得者の収入を調節する」「個人の所得分配を秩序化させ、地域間の格差と一部の社会構成員の所得格差を改善することに努める」と記述した。

「南方週末」は二〇〇六年六月一日に、「まだ少数の中等収入グループの速い成長を待つ」[12]という報道の中で、清華大学社会学教授・李強の文章を掲載し、「中共一六大で提起された〝中等収入者の比率を拡大する〟目標には重大な意義がある。どの社会においても、中等収入グループは社会の安定を維持する最も重要な社会的力である」と、「中等収入グループ」育成の重要性を強調した。

以上から見えてくるのは、「人民日報」と「南方週末」が政府の政策から中産階級を承認・育成しようとする意図をいち早く読み取り、政府関係者や学者の語りを借りて中産階級に関連する政府の政策を熱心に議論しようとする姿勢である。まさに、中国政府の中産階級に対する態度の変化が中産階級の新聞メディアへの登場に合法性を与えたと言えよう。

第三節　新聞上の中産階級の訳語とその意味内容

英語の「middle class」に対応する中国語の訳語としては、「中産階級（層）」「中等収入階級

（層）」「中間階層」「中間層」などが挙げられる。筆者は「中産」「中等収入」「中間層」「中間階層」「中流」といった五つの包括性のある言葉をキーワードとして、「人民日報」と「南方週末」を検索した。二〇〇一年以降の「人民日報」と二〇〇六年以降の「南方週末」の記事は全文データベース上に表示されている。そのため、二〇〇一年以降の「人民日報」と二〇〇六年以降の「南方週末」に関するこの項目の統計は「中産」「中等収入」「中間層」「中間階層」「中流」をそれぞれキーワードとして検索し、データベース上で表記された報道・記事の総数を集計するのではなく、それぞれのキーワードが報道・記事に何回使用されているか、すなわち訳語の使用頻度を統計した。また、二〇〇一年から二〇〇五年までの「南方週末」に対しては、紙面検索を通じて訳語の使用頻度を算出した。

その結果、表2-1と表2-2で示されているように、中国の新聞の中産階級に該当する訳語の使用には、より多様性がある。具体的には、「人民日報」で最も多く使用されているのは「中等収入者」（使用頻度は一九一回）、その次は「中産」（使用頻度は一一六回）である。「南方週末」で最も多く使用されているのは「中産階級」（使

表2-1：「人民日報」における中産階級の訳語の分析

（単位：回数）

訳語	使用頻度
中等収入者	191
中産	116
中産階層	94
中等収入群体（グループ）	77
中間階層	76
中等収入階層	62
中産階級	12
中産者	4
中流	2
中間層	1

（筆者作成）

表2-2：「南方週末」における中産階級の訳語の分析

（単位：回数）

訳語	使用頻度
中産階級	421
中産	170
中等収入者	131
中産階層	116
中間階層	25
中等収入群体（グループ）	23
中間層	14
中等収入階層	12
中等収入人群	8
中流	7
中等階層	3
中産収入階層	2
中間収入階層	1
中間群体（グループ）	1

（筆者作成）

用頻度は四二一回）、その次は「中産」（使用頻度は一七〇回）である。

「人民日報」は「中等収入者」「中等収入群体」「中等収入階層」という訳語を最も多く使用しており、主に政府の方針や政策を伝達している。たとえば、次のような報道・記事が代表的である。「曾培炎はAPEC商工業の指導者のトップ会議で中国が構造調整を積極的、戦略的に進めることを指摘した」[13]「消費率を適切に高める」[14]「労働と社会保障部は社会労働と労働価値に関する理論課題の成果を発表した収入分配の改革は中等収入者の比重を拡大すべし」[15]「所得分配と社会の安定に関する解説」[16]「政協［全国政治協商会議］の九期五回会議は第二次全体会議を開催し、一二人の委員は農民の収入増加などの問題について発言した」[17]「全国政治協商会議の九期五回会議の発言の要約」[18]「今年の上半期、商品市場では供給が需要を上回る趨勢が激化、物価は引き続き下落する——消費財市場の活性化を待たねばならない」[19]など。

そして、「人民日報」はまた「中産」ないし「中産階層」という訳語を用い、中産階級の中国経済発展への役割を語り、この階層の消費生活における様々な特徴を紹介している。たとえば、「〝ピラミッド〟型を〝ラグビーボール〟型にする——厲以寧、陳漱渝委員は所得分配を調節し、調和のとれた社会を作り上げることについて話す」[20]「人民の生活を着実に進める」[21]「健康の急行」[22]「金融危機が理性的消費を促す」[23]「復興に向かう〝中国の道〟——新中国が建国六〇周年を迎えて」[24]「〝ラグビー型〟の分配構造に順次向かう」[25]といった報道・記事がある。

「人民日報」の関連報道には、「中産階級」という言葉があまり使われておらず、たとえ使ったとしても、外国の事例を引用する時に限定している。たとえば、「中東欧：憂いと望み」[26]「アルゼンチン　各人が必要な分を取ってそれぞれ責任を尽くす」[27]「政界のダークホース党首を担当する　米国民主党は体勢を立て直す」[28]「振り返る、希望、感嘆」[29]「国外の住宅政策を管見する——市場の繁栄は理性と規範に依拠する」[30]など。「中流」という訳語はただ日本の階層を語る際にだけ用いられている。たとえば、「新宿のホームレス」[31]という記事が代表的である。

ところが、「南方週末」では「中産階級」は最も頻繁に使用されていた訳語である。主に中国の中産階級のライフスタイルや消費生活の特徴を描写する際に用いられている。また外国の関連テクストを紹介する際にも使われている。たとえば、次のような報道・記事が挙げられる。「中国における財産の清明上河図」[32]「アメリカは中産階級に対して一五〇〇億ドルの税金を払い戻す」[33]「一ウォール街人の失業記録——危機のなかでのニューヨーク中産階級の生活」[34]「〝中産〟の後——あざやかに輝く身分の背後の耐えがたい重圧」[35]「中英両国の比較、誰がより中産的か」[36]「インフレの圧力の下で、中産階級の資産を守る戦い」[37]などがある。

「南方週末」では、「中産階級」が最も多く、次いで「中等収入者」「中等収入群体」「中等収入階層」「中等収入人群」といった訳語が用いられている。これらの訳語は「人民日報」と同様に、政府の関連法案や政策の引用に使用される。たとえば、「新しい住宅制度改革　高価格の下での方向転換」[38]「貧富の衝突を解消し、社会構造を調整する」[39]「医療改革　もう一つの表現」[40]「民生から民権へ　先富から共富へ」[41]「中国には振り返る道がない」[42]などの報道・記事が挙げられる。

「南方週末」はまた「中産収入階層」「中間収入階層」「中間群体」「中等階層」といった訳語を使っている。これらの訳語は「南方週末」独自のものであるように見える。したがって、「南方週末」は「収入」を中産階級を把握する際に最も重要な指標であると考えていることが窺える。同時に、「南方週末」が中産階級を記述する際に、ある程度の独自性があることも窺える。

総じて言えば、政府の政策を伝達する「中等収入」と経済的意味を持つ「中産」の関連語と比べて、両紙とも「中間層」と「中間階層」の使用回数がそれほど多くない。鮮明なイメージを持つ「中等収入」と「中産」の関連語と違い、両紙にとって「中間層」と「中間階層」という訳語は社会構造の中レベルという漠然としたイメージしか持たないので、あまり使用されないのであろう。

第四節　新聞における中産階級の定義

中国の新聞が中産階級のイメージを構築する際には、定義に関する説明が不可欠である。新聞においては、中産階級の定義と中産階級の人物像に関する描写が互いに織り合わされて中産階級のイメージが構築されている。以下は中国の新聞における中産階級の定義に関する分析である。

あらかじめ分析結果を先取りして紹介すると、「人民日報」（三七八本）と「南方週末」（四七三本）の中産階級に関する報道・記事において、主に次のような三つの定義方法が用いられている。第一に、学術界の解釈から引用して定義する方法。第二に、政府側の語りを借りて定義する方法。第三に、新聞自身の観察と判断に基づき、自ら定義する方法。

以下、この三つの定義方法とそれぞれの定義内容について具体的に述べていく。

一　学術的な定義

中国の新聞では、多くの報道・記事における中産階級の定義は学術分野の解釈に基づいたものである。代表的なものとして、二〇〇九年八月二六日の「南方週末」の「〝中産〟の後――

あざやかに輝く身分の背後に耐えがたい重圧」[43]という記事がある。そこに、中国社会科学院の『中国当代社会階層研究報告』にある論述をそのまま引用した箇所がある。

「社会の中産階級とはある特定の階層を指しているものではなく、いくつか類似、近似している特徴、特に、収入が中等、あるいは中等以上の水準に接近した階層の総称である。アカデミーの分類によると、社会の中産階級は主に二種類の人によって組み立てられている。その一つの種類はいわゆる以前からの旧社会の中間層である。すなわち、中小の私営企業主、自営業者、商工業の自営業者、富裕農民などである。もう一つの種類はいわゆる新中間層で、主に専門的技術者、マネージャー、行政管理人員、事務員、商業のサービス人員と技術員などを指している」。

記事「〝中産〟の後——あざやかに輝く身分の背後に耐えがたい重圧」以外に、「新型工業化の道をいかに歩むか」[44]（二〇〇三年一〇月二八日の「人民日報」）、「社会の公平をもっと重視すべきである」[45]（二〇〇五年一月七日の「人民日報」）、「中国の中産階級の形成はなぜ困難であるか」[46]（二〇〇四年三月四日の「南方週末」）、「二〇〇七年の十個のなぜ」[47]（二〇〇七年一月一日の「南方週末」）、「個人税の自主申告はなぜみんなの話題になったか」[48]（二〇〇七年四月一八日の「南方週末」）、「企業は同じで、なぜ収入の差がこんなに大きいか」[49]（二〇〇七年一二月一七日の「人民日報」）といった報道・記事も同様に『当代中国社会階層研究報告』の定義部分を引用している。おそらく、中国の新聞にとって、中国社会科学院の『当代中国社会階層研究報告』は中産階級を定義するのに最も信頼できる学術的なテクストなのであろう。

『当代中国社会階層研究報告』のほかに、南京大学社会学の周暁虹教授と彼の課題グループの研究成果である『中国中産階級調査』と中国社会科学院が二〇〇四年七月二八日に出した『当代中国社会流動』も多数の報道・記事に部分的に引用されている。代表的な例として、「雪中の〝緑のリボン〟が何を表しているか？」[50]（二〇〇八年二月二七日の「南方週末」）、「三〇年運命の変遷」[51]（二〇〇八年九月二七日の「南方週末」）、「上に向かって移動する道はどうしたら滞りなく通ずるか」[52]（二〇一〇年九月一六日の「人民日報」）、「世界を股にかける人には世界を股にかける車が必要」[53]（二〇一〇年一一月八日の「南方週末」）などが挙げられる。

こうした各種の学術報告や著書以外に、「当代中国社会構造変遷研究」課題グループの成員やその他の社会階層構造研究の専門家、有名な経済学者などの声も絶えず新聞上に現れている。たとえば、著名な経済学者である蕭灼基の中産階級の今後の趨勢およびその内部構成に関する判断は、『当代中国社会階層研究報告』が公布される前には、中産階級に関する代表的な学術的テクストであった。二〇〇一年の年頭に、蕭灼基は、「本世紀の最初の一〇年から二〇年の間が中国の中産階級形成にとって重要な時期である。中産階級の人数が増加するにしたがって、彼らはいつか社会の実力集団になる。中国の中産階級は主に五種類の高級人材から構成されている。第一に、科学技術の成果を産業に転換できる科学研究者、第二に、金融証券業の中上層の管理者、民営、外資企業に勤める人々、第三に、仲介機構の専門家、たとえば、弁護士、会計士、鑑定士など、第四に、外資企業の中国における中上層管理者、すなわち、外国の会社の中国における首席代表など、第五に、一部の私営企業家。このほかに、株式市場で活躍している一部の人も中産階級の一員になりうる」と述べた。蕭灼基のこの記述は新聞の中産階級に関する議論の中によく現れている。例を挙げてみると、「今後二〇年、どういう人が中産階級になる可能性が最もあるか」[54]（二〇〇一年六月一九日の「人民日報」）、「中産階級は学校を選択する費用の主要な支払人になる」[55]（二〇〇九年五月二〇日の「南方週末」）といった報道・記事などである。このように、中国の新聞は専門家や学者の声を借りて、文字的な中産階級に関する学術的な定義に対し、「肉声的」にその定義の合理性と正当性を訴えようとしている。

経済学者・蕭灼基の語り以外に、二〇〇一年以降、知識人はますます積極的に新聞における中産階級の定義に参入してきている。例を挙げると、二〇〇三年一月二〇日の「人民日報」は第一三版［版名：経済週刊］で、北京師範大学経済学部教授・頼徳勝の文章「中等収入者の比重を拡大する」[56]を掲載し、中産階級に対するいくつかの見方を紹介し、中産階級を拡大させる意義を論じた。同紙は二〇〇五年三月八日の「〝ピラミッド〟型を〝ラグビーボール〟型にする」[57]という記事の中で、経済学者・厲以寧の中産階級に対する定義――「中国の中等収入層は大体以下のような集団から形成されている。①私営企業家、②自営業者、③党政幹部、④外資企業のホワイトカラー、⑤各社会組織の管理者、⑥知識人、⑦技術者、⑧政府機関と企業の管理職」を紹介し、所得分配を調節し、調和のとれた社会を作り上げることについて述べた。

二〇〇七年九月二六日の「南方週末」は「貧富の衝突の解消は社会構造の調整にあり」[58]という記事の中で、清華大学社会学部教授・孫立平とのインタビューを全文引用し、「中国では全国的には中等収入者の人数はまだ限られているとはいえ、大都市では中等収入者が相当な割合を占めている。彼らの大多数は改革の受益者である。……彼らは大卒以上の高学歴を持つ。……ホワイトカラー層のカルチャー、とりわけその消費生活、美意識、および彼らの美意識を現す消費財においては、きわめて排他的である。……階層観の境界を形成するメカニズムは注意を払うべき社会現象である」と中国の中産階級の特徴について語った。

新聞に掲載された知識人の語りは、中産階級の定義を語る以外に、中産階級に対する社会の関心を喚起し、中産階級を育成・拡大しようと呼びかけている。すなわち、中国の新聞の中産階級に対する定義過程に学術界のテクストが参入し、中産階級に関する議論を支持するという姿勢を示している。このような学術的な定義過程から、知識人とメディアの間の協力関係が見られる（学術界のテクストや知識人とメディアの相互関係などに関する検討はのちにまた行う）。

このような学術的な定義のほか、新聞の中産階級に対する定義方法にはさらに次の二つがある。

二　政府筋の語りを借用した定義

本章の第二節で述べたように、中国の新聞では、二〇〇一年まで中産階級の関連報道・記事はわずか六本しかなかった。二〇〇一年七月一日、中国共産党の創立八〇周年を記念する大会での江沢民の講話をきっかけとし、二〇〇一年以降、中国の新聞は中産階級について積極的に報道しはじめた。このことから、中国の新聞は中産階級について報道する際に、政府側からの制限を受けていることが想定できる。また、中国の新聞は中産階級を定義する際に、政府側の語りを必ず参考にしているとも考えられる。

実際、中国の新聞にとって、政府側が中産階級の社会的地位に対して肯定的な態度を示したことは、中産階級の定義およびその後の中産階級に関する記述に一種の合法的な根拠を与えたことになる。

具体的に述べると、「改革・開放以来、わが国の社会階層の構成に新しい変化が起こった。民営科学技術企業の創業者と技術者、外資系企業に招聘された管理技術者、個人企業、私営企業家、仲介組織の従業員、自由職業家などからなる社会階層が出現した。それに、多くの人は異なる業界、異なる地域を頻繁に移動し、人々の職業、身分は常に変動する。このような変化はまだ継続していく」という中国共産党の創立八〇周年を記念する大会での江沢民の講話は、中国の新聞が中産階級を定義する際に、度々引用されている。たとえば、次のような報道・記事が代表的である。「小康社会を全面的に建設する　中国の特色ある社会主義事業の新しい局面を切り開く」[59]「中国共産党の新世紀初頭の行動綱領」[60]「小康社会の三つの課題」[61]「新世紀の最初の二十年における経済建設と改革の主要任務」[62]など。

二〇〇二年一一月に開催された中国共産党第一六回全国代表大会での報告はさらに「社会変革の中で出現した民営科学技術企業の創業者と技術者、外資系企業に招聘された管理技術者、個人企業、私営企業家、仲介組織の従業員、自由職業家などからなる社会階層は全て、中国の特色ある社会主義事業の建設者である」と明確に提起した。この話は直ちに二〇〇二年一二月四日の「南方週末」の「中国は〝オリーブ型〟を選ぶ」[63]という記事で、「中産階級が政治上の承認を得たシンボル」と解釈された。なぜなら、「この六つの新しく誕生した職業からなる社会階層は、すべて中産階級である」からである。そこで、また中国共産党第一六回大会で挙げられた「みんなで富裕化を目標にし、中等収入者の比重を拡大する。低収入者の収入水準を高める」という社会発展の目標が政府の中産階級を積極的に育成する印だと解釈された。中国共産党第一六回大会の報告を使い、二〇〇七年一〇月一七日の「南方週末」は「民生から民権へ先富から共富へ」[64]という記事の中で、「中等収入者層とは社会変革の中で出現した民営科学技術企業の創業者と技術者、外資系企業に招聘された管理技術者、個人企業、私営企業家、仲介組織の従業員、自由職業家などからなる社会階層である」と定義した。

このように、政府の最も権威ある中産階級に関する公開の言及以外に、数多くの政府官僚も様々な場所で、中国政府の中産階級に対する定義や観点を述べている。中国政府のトップによる中産階級の認定に関する言及にも、また政府を代表する各級の官僚による中産階級への言及にも、中国の新聞は積極的に対応している。たとえば、二〇〇二年三月八日の「人民日報」[65]は報道「収入分配制度を適切に改革する」[66]で、中国人民政治協商会議代表・厲無畏の次に述べる発言を引用した。「国家公務員、企業の管理者、専門技術者、自由職業者などは中国の中等収入層の重要な構成単位である。彼らを今後拡大すべきである」。二〇〇二年一二月一四日、中国国家統計局副局長・賀鏗は「二〇〇二年学術最前方論壇」で、次のように述べた。「中等収入者と呼ばれる人たちは実は海外では中産階級と呼ばれている。二〇年後、経済面で豊かで、高学歴で、思想文化素質が比較的高い中等収入者は中国における小康社会の主流公民になる。中等収入者とは先進文化の消費者と創造者である」。さらに、賀鏗はニュー・リッチと中産階級を区別した。「文化素質と思想素質が低いニュー・リッチは、ただの成金であり、小康社会の主流公民になれない。中等収入者、すなわち、海外で中産階級と呼ばれる人たちは、大学レベル以上の学歴を持ち、一定の経済収入があり、自分の車や家を買う能力がある人たちである。彼らは文化・思想素質が高く、文明的で、誠実で、信用と法律を守る集団である。彼らこそ今後二〇年、中国が全面的な小康社会になるに際して主流となる公民である」と語った。こうした賀鏗の中産階級に対する語りは二〇〇二年一二月一九日の「南方週末」の記事「小康社会の主流となる公民」[67]に引用された。

中国の新聞はこのように政府筋の語りを借用し、中産階級を定義すると同時に、中産階級の社会的地位と今後の役割に対して肯定的な態度を示している。また、政府筋の語りを借り、中産階級が今後、中国社会の主流階層になり、また社会の中堅であるという積極的なイメージを読者に伝えようとしている。

中国の新聞にとって、政府筋の語りは中産階級を定義する際に使える有力なテクストの一つであるのみならず、中国の新聞が中産階級を語る際に、一つのコンテクストとしての機能を果たしていると考えられる。すなわち、政府筋の語りも中国の中産階級のメディア・イメージに合法性を与えているように見られる（この点に関する検討は後にまた詳述する）。

三　新聞自身の定義

中国の新聞は学術的な定義や政府筋の語りを借用して定義するほかに、新聞自身も中産階級を定義している。その場合、主に次の二つの角度から定義を行っている。一つは階層階級研究に類似した定義である。もう一つは生活様式や消費角度からの定義である。

第一に、階層階級研究に類似した定義。

たとえば、二〇〇一年一月四日「南方週末」に載った「中産階層の消費主体と消費観念を育成しよう」[68]という記事は中産階級を次のように定義している。「中産階層は中等収入者の集団である。つまり、高収入者と低収入者の間にいる。彼らは自営業者、中小企業主、管理職や専門職、知識人と公務員によって構成されている」。また、二〇一一年八月四日の同紙は「中国では中産階級が最も定義しにくい」[69]という記事の中で、「中産階級は社会の上層と下層の間にいる。富裕階層と庶民の間にある中間層である。彼らは高学歴・高収入の人々である。マイカーを持って、大量消費をし、レジャーも豊富である」と定義している。

このような中産階級に対する定義は、いずれも階層階級研究のような厳密なものではないが、階層階級研究と似たものである。

第二に、生活様式や消費角度からの定義。

階層階級研究に類似した定義と異なり、一部の報道・記事はまた生活様式や消費角度から中産階級を定義している。

たとえば、二〇〇一年八月九日の「南方週末」は「新中産階級聳《そび》え立つ：中国の裕福な時代の始まり」[70]と題した記事の中で、「中産階級という概念は今日一つの社会階層概念から、一つの生活様式の概念になった」と語った。

また、二〇一一年一月二五日の「南方週末」に掲載された「形式化した優雅」[71]は「中産階層とは、ほとんど消費を主要表現とした生活様式と結びついたものである」と指摘し、「一般的意味での社会構造としての階層概念ではない」と論じた。「中産階層という概念は今日においては、すでに一つの社会成層の概念から、社会経済学的意味上のラベルにまで変遷してきた。

簡単に言うと、中産階層とは実は一種の生活方式を示すものである……消費財と優雅な生活は中産階層をはかる物差しなのである」

以上、この第四節では中国の新聞における中産階級の定義を代表例の紹介とともに提示した。まとめてみると、中国の新聞メディアは、①学術界の解釈を引用する、②政府や政党側の語りを借用する、③新聞自身の観察と判断に基づき、自ら定義する、という三つの方法を用いて中産階級を定義している。また、新聞における中産階級の定義からすると、新聞上の中産階級の区分基準は主として職業、学歴、収入、消費財にある。したがって、次節では主に職業、学歴、収入、消費財などの角度から、新聞上の中産階級の構成について具体的に分析する。

第五節　新聞における中産階級の構成

量的集計の結果から見ると、中国の新聞は学歴、職業、ジェンダー、収入、消費財という五つの角度から中産階級を描き出している。以下、中国の新聞における中産階級の構造とその特徴について、学歴、職業、ジェンダー、収入、消費財という五つの視点から、具体的に見ていく。

一　学歴

学歴は個人の社会階層を表す客観的な指標として知られている。中国の新聞での中産階級についての語りには、学歴に関する記述がよく見られる。

たとえば、「新世代の出稼ぎ労働者の都市での困惑」[72]という報道は、「日本における都市化のプロセス」を振り返って、「出稼ぎ青年の第二世代が正規の教育過程を経て、大学に入り、後にホワイトカラー、中産階級になる」と述べている。「大学生はプライドを捨てて、実践の中で成功を求めるべし」[73]という記事は、「中国では中等収入階層が一定の割合で形成されつつある。今の大学生はその大部分を占めるであろう」とまとめている。

また、二〇〇九年八月二六日付「南方週末」の「〝中産〟の後——あざやかに輝く身分の背後に耐えがたい重圧」[74]という見出しがつけられた記事では、「二〇〇六年度全国の大学卒業者数は四一三万である。彼らは中産階級の主力軍である」と語られている。二〇〇九年九月二日の「南方週末」は「彼らが中産でなかったら、誰が中産か」[75]という記事の中で、「中国では、毎年数百万人が大学を卒業する。立派な会社で働いている大卒のホワイトカラーは中産階級の主力軍である」と書いている。

「人民日報」と「南方週末」によると、大卒という学歴が中産階級の不可欠な条件であることがわかる。

二　職業分布

従来の階層階級研究では、中産階級は職業を基準とした社会階層であるとよく言われてきた。中国の新聞から見ると、中産階級の人々はどのような職業に従事しているか。これを調べるために、中国の新聞に書かれた中産階級の定義の中に挙げられた職業、および中産階級に属する個人が記事に取り上げられた際の職業紹介に基づき、数量的に分析した。なお、この統計では階層階級研究のように中産階級について精緻な検討を加えるのではなく、あくまでも新聞紙上で中産階級と呼ばれる人たちの職業を把握することを目的としている。また、統計を取る際には、報道・記事を一つずつ見ていき、一つの報道・記事にもし中産階級の職業に対する言及があったら、そこで言及されたすべての職業を漏れなく抽出した。ただし、一つの報道・記事に、ある特定の職業が何回言及されても一回としか数えない。

そこで得られた結果は表2−3である。

表2−3で示したように、中国の新聞に記述された中産階級の職業も多種多様ではあるが、言及の度合は圧倒的に「新中産階級」に偏っている。また中国の新聞は普通のホワイトカラー

表2-3：「人民日報」と「南方週末」における中産階級の職業構成

職業	言及回数 (〈 〉内の数字は女性を示す)
新中産階級	
管理職	24
ホワイトカラー	16〈3〉
インテリ	16
政府の役人	15〈4〉
教員	10〈2〉
医者	10〈1〉
作家	9
俳優	8〈1〉
専門家	8
編集者	7
会社職員	6〈3〉
公務員	6
弁護士	5〈2〉
監督	5
主婦	4〈4〉
自由職業者	3
会計士	3
脚本家	3
企業家	3
プロデューサー	2
芸術家	2
富豪	2
スポーツマン	2
エンジニア	2
サービス業従事者	2
記者	2
カメラマン	1
銀行家	1
旧中産階級	
中小企業主	21
自営業者	1
熟練工	1

職業	言及回数 (〈 〉内の数字は女性を示す)
個別言及	
ホワイトカラー	9〈3〉
教員	6〈1〉
管理職	6〈1〉
作家	5〈1〉
主婦	4〈4〉
社会学者	3
政府の役人	3
中小企業の経営者	3
編集者	3
映画監督	3
ビジネスマン	2
医師	2
スポーツマン	2
自営業者	2
記者	2
投資家	2
脚本家	2
公務員	2〈1〉
弁護士	1〈1〉
船長	1
評論家	1
カメラマン	1
歌手	1
俳優	1
プロデューサー	1
経済学者	1
エンジニア	1

	言及頻度	割合 (%)
新中産階級	241	89.26
(女性)	32	11.85
旧中産階級	42	10.74

(筆者作成)[76]

層より、管理層、インテリや政府の役人に対する関心度が高い。ジェンダー構成の面においても、アンバランスな描写が存在している。[77]

三　ジェンダー構造

中国の新聞に描かれた中産階級の職業構成に関連して、ジェンダーの分布上のアンビバレンスが見られる。表2-3で如実に示されたように、中産階級を象徴する職業に占める女性の割合は大変低く、男性に比べると、かなり差が見られる。ここでは、中産階級のジェンダー・イメージに関する非対称な記述を代表的な例として取り上げてみる。

女性イメージ

中国では建国以来、「女性解放・男女平等」が基本政策として強調されてきた。女性が就業する権利や仕事上における男女の不平等は早いスピードである程度改善されたと言われている（劉伯紅 2007)。近年、所得が増加するにつれ高所得層に占める女性の割合が増加している。二〇〇〇年の労働統計資料によると、郵便・通信・金融・保険等といった高所得業種における女性の割合は高く、五〇％近くか、あるいはそれ以上である。ところが、それらの女性が記事に出現する際、同じ立場にある男性が取り上げられる時のように、その業績が大いに語られるのではなく、業績や仕事には軽く触れるだけで、消費や家庭負担の大変さを中心に取り上げるような書き方がよく見られる。以下、こうしたダブル・スタンダード表現の典型をいくつか挙げてみる。

二〇一〇年四月一九日の「南方週末」は、「成功学の光の下にいる杜拉拉」[78]と「杜拉拉と職場人生」[79]という二つの特集記事を掲載し、読者の間に論議を巻き起こした。記事では、「杜拉拉は典型的な都市のホワイトカラーであり、特に美人ではなく、後ろ盾もないが、良い教育を受け、一般社員から一歩一歩アメリカ系有力企業の上級管理職にまで昇進した……彼女は典型的な中産階級の代表である……自分の努力を頼りに、学識や智恵、粘り強さ、勤勉さを武器に事業を成功させ、同僚に賞賛され、立身出世した……杜拉拉のような平凡な人間の成功は我々に活力を与え、成功の希望を与えてくれた。また、彼女を通して、外国企業で働くための必要な知識、たとえば、アメリカ企業の内部事情や会社の運営方法、組織関係や人間関係など、いろいろな情報も教えてくれた」という記述がある。

二〇一〇年六月二日、「南方週末」は「ルイ・ヴィトンを身につけている中国人」[80]という報道で、楊詩琪という中産階級の女性を紹介している。「楊詩琪、二六歳、上海にある外資系の企業で働く。彼女は全身ブランド品に包まれ、杜拉拉のイメージを日常的に実践している……地下鉄で通勤している。出張にもエコノミー・クラスを使っている。しかし、正規品のルイ・

ヴィトンがいつも欠かせない。……ルイ・ヴィトンの中に必ずビニール袋が入っている。そのビニール袋はルイ・ヴィトンが安全検査を受ける際に、ルイ・ヴィトンを覆うものだ。彼女は飛行機の中で、匂いが残る機内食は絶対取らない。いつもコーヒーとミネラルウォーターだけ取る。……ブランド品の消費は楊詩琪の月収の半分か、時には全部を占めている。彼女によれば、ブランド品は彼女の制服であり、名刺であり、成功の指数である。ブランド品がなければ、同僚に実習生か新人と見られる」。この報道によると、「楊詩琪のような中産女性は大都市のブランド・ショップの主な消費者となっている」

二〇一〇年九月九日の「人民日報」は第一八版［百姓生活］の「〝中産〟の暮らしは楽ではない」[81]という記事の中で、「中産者」の暮らしぶりを描いた。そこでは、弁護士・王艶を取り上げた。「王艶はアメリカで法学の博士号を取り、帰国した。現在、北京の法律事務所に勤めている彼女は良好な教育的背景を持ち、社会的評価の高い仕事に従事し、人が羨《うらや》む収入をもらっている……ところが、彼女によれば、そのお金はまだ家を購入できるような額になっていないという……彼女のような人は標準的な〝中産〟である」と記述している。

このように、中国の新聞に現れる中産階級の女性は高い学歴を持ち、面子が立つような知的な仕事に携わり、自己成就・自己実現を強く望み、高い給料で生計を立て、消費にも意欲的である。中国の新聞は中産階級の女性に対する評価に、「業績」以外の消費や家庭の要素を割り込ませることにより、その「プロフェッショナル度」を、男性よりも一段引き下げてしまう役割をも果たしているのである。すなわち、中国の新聞では、中産階級の女性の「女性であること」や性役割を強調する表現が多く見られ、本来、「業績」や「地位達成」の尺度で計られるべき、中産階級の女性に対し、「消費」や「家庭性」の尺度が加わっていったのである。

男性イメージ

女性のイメージとは対照的に、中国の新聞は中産階級の男性のイメージを多く表現している。中産階級の男性に言及した報道・記事は大量に見られるが、そのイメージは大まかに言って二種類にまとめられる。

① 成功者のイメージ

この種の中産階級の男性はよく「成功」「事業」といった語彙と結びつけられている。たとえば、二〇〇九年三月二七日の「南方週末」は、「範敏　半分は帝王、半分は将相」[82]という記事で、インターネット旅行会社の携程旅行網（Ctrip）のＣＥＯ範敏を「成功した中産階級の代表」として取り上げ、「彼の一挙手一投足に、指導者としての才能と戦略が見えてくる。彼の固い信念から表れたのはまた王者の心である。……範敏は成功した中産階級である……彼は必ず毎年二回海外に行ってバカンスを過ごす……彼は身を以てレジャーの過ごし方を他人に教えている」という。

二〇〇九年一〇月一六日、「南方週末」の「六〇人の中国の夢・邱柯」[83]という記事の中で、邱柯という四六歳の管理職に就いている「成功した中産階級」が紹介された。「南方週末」の記者は邱柯に対して、四点ほど質問した。「現在の生活状況に対する満足度は？」という質問に対して、邱柯の答えは「非常に満足している。中産階級として、自分の存在価値が感じられる」である。「現在の生活における精神的原動力は何か」という質問には「責任ある地位についているという成功感、家庭を見た時の幸福感、次の世代を見た時の達成感。給料やボーナスを手にした時の喜び、帰宅する途中に感じる家庭への愛情など」と答えた。また他の質問には「自分と家族の健康、考える時間と楽しむ時間が最も重要である」と答えた。邱柯から見ると、「中国の未来は明るく、世界のリーダーとなりうる」のである。

②抑圧的なイメージ

「成功者」としての中産階級の男性に関する積極的な描写と並行して、彼らが抱いている様々な危機感を取り上げる報道・記事も多く見かける。

例を挙げると、二〇一〇年九月九日の「人民日報」[84]の「〝中産〟の暮らしは楽ではない」[85]という記事がある。そこで、北京のある投資会社のマネージャーである周猛が次のように紹介されている。「周猛は中等収入者ではあるが、給料の半分を家のローンの返済に使っている。新

図2-2：抑圧的な中産階級（出所）2010年9月16日「人民日報」

しく購入した車もあまり使っていない。彼の生活は楽ではない」。周猛に続き、記事はまた上海のある証券会社の管理職に就いている程躍強を取り上げた。「程躍強の収入は高いが、家から会社まで一八五キロもの距離がある。彼は毎日、地下鉄に乗り、高鉄（高速鉄道）に乗り換え、またタクシーに乗って……家に帰るのに四時間もかかる」とのことである。

二〇一〇年九月一六日、「人民日報」[86]は「〃中産〃の未来はどこにある？」[87]という記事を掲載し、冒頭に「〃中産〃は単なる具体的な暮らしではなく、何か説明はできないが、間違いなく存在する不安な感覚でもある」と書かれ、その後、北京のある出版社の編集者である馬成と北京の興業協会に勤める高にインタビューをし、彼らの「中産階層の生活レベル」に関する答えを次のように記録した。「中産の生活には必ず車と家が必要。それに、ゆとりがあり、レジャーを楽しめることも必要。……私もこのような生活に憧れているが、実際は幻想のようにも見える」（馬成）。「ようやく家の頭金を払ったが、〃房奴〃（家の奴隷）になった。ローンで車を買ったが、ローンの返済をしながら車の手入れもしなければならないので、〃車奴

（車の奴隷）〟にもなった。子供が生まれたが、教育費が高くて、〝子供の奴隷〟にまでもなった」（高）。

二〇〇九年八月二六日、「南方週末」の「〝中産〟の後——あざやかに輝く身分の背後に耐えがたい重圧」[88]という記事も中産階級の男性が背負っている様々な悩みを記述した。

以上、いくつか挙げた例からも明らかなように、中国の新聞が中産階級のイメージを構築する際には、ジェンダー上の偏りが存在している。男性の中産階級に対しては、その成功者イメージを中心に描き出していると同時に、彼らが負っている重圧も捉えている。一方、女性の中産階級に対しては、事業より消費生活に注目し、描写も表面的であるように見える。このように、中国の新聞は女性と男性が同様のことを行ったり、同じような中産階級の地位に就いている時でさえ、その行動なり役割なりに、性によって異なった評価を下し、異なった表現を与えるといったダブル・スタンダードが見られる。

四　収入基準

前節に挙げた報道・記事の文面から窺えるように、中国の新聞はしばしば中産階級の高収入に言及している。では、中国の新聞に書かれた中産階級の収入の範囲はどうなのか。以下、「人民日報」と「南方週末」の関連報道から抽出した収入に関する記述を見てみよう。

たとえば、記事「都市や町の住民の所得状況に関する分析」[89]によると、「中等収入世帯の年収は六二七四元から八二三一元までである」。

記事「中国における財産の清明上河図」[90]によれば、「中産階級の年収は一五万元を超えている」。

記事「中国の輸出は新たな衝撃に直面する」[91]に基づくと、「中等収入者の月収は二〇〇〇元から三五〇〇元までとのことである」。

記事「〝ラグビー型〟の分配構造に順次向かう」[92]の記述によると、「二〇〇九年では、都市と農村の住民は一人当たりの可処分所得は一万七〇〇〇元である。これは中等収入群体の収入下限でもある。その上限は三万二一〇〇元である」。

記事「〝中産〟の後——あざやかに輝く身分の背後の耐えがたい重圧」[93]では、「中間的年収は三〇万元」と記述されている。

記事「経済には刺激が必要、改革には刺激がもっと必要」[94]では、「月収が五千元から二万元までが中産階級である」と記されている。

記事「何が中産か」[95]では、「中産家庭の平均月収は一万元である」と書かれている。

以上からわかったのは、中国の新聞による中産階級の収入に関する記述にはかなり幅があることである。それは「人民日報」か「南方週末」かという新聞によるものではなく、同じ新聞においても、収入に関しては統一した基準が見られない。

五　代表的な消費財

　中国の新聞においては、消費財が中産階級の社会的ポジションを示す「記号」として使われている。ここでは、中産階級と結び付けられ、語られていた諸消費財に対して、その出現頻度の統計を取った（表2−4）。この統計の要領が次の通りである。中産階級を語る際に、消費財への言及がある報道・記事を対象とし、該当する一つの報道・記事ごとに、掲載されたすべての消費財を記録する。ただし、同一種類の消費財が同じ報道・記事で二度以上使われていても、一回と記録する。表2−4は該当する報道・記事に出現した消費財の種別と種別ごとの言及頻度に対する統計を取ったものである。この統計でも、母集団を数え、割合を提示すること[96]により、ある特定の消費財の存在を明らかにすることを目的とした。

　表2−4で、中国の中産階級の代表的な消費財について観察すると、中国の新聞では、中産階級は衣食住の必需品の消費財のほか、ブランド品やヨット

表2-4：中産階級を代表する「物の体系」（「人民日報」と「南方週末」）

（単位：回数）

物	言及頻度
住宅	193
車	56
食事	26
服装	10
ブランド品	6
クレジットカード	4
ヨット	4
株	3
芸術品	2
家具	1
化粧品	1
ランニングマシン	1
ステレオ	1

（筆者作成）

のような贅沢品と密接に結びついていることがわかる。これは、二〇〇〇年以降の中国の都市部ではカラーテレビ、洗濯機、冷蔵庫といった基本的な家庭用耐久消費財が、ほぼすべての世帯に普及しているからだと考えられよう。

二〇〇二年一一月一八日、「人民日報」[97]に掲載された「消費財はグレードアップしたスピードで加速する」[98]という報道で、中国の消費動向について次のように言及している。「改革開放から二十数年、我が国の都市と農村では消費財のグレードアップは三つの段階を踏んできた。第一段階は改革開放の前から前世紀八〇年代までである。この時、中国人が買い求めたのは自転車、腕時計、ミシンという百元レベルの〝三種の神器〟である。第二段階は八〇年代後期から九〇年代中期までで、中国人が購入しようとしたのは千元レベルのテレビ、洗濯機、電気冷蔵庫という〝新しい三種の神器〟であった。第三段階は九〇年代中期から今までで、中国人が手に入れたいのは万元レベルのコンピュータ、ホームシアター（ユニット）、乗用車、分譲住宅という〝大件〟[99]である。……近年、わが国の消費は第四段階に突入した。第四段階では、消費財は一〇万元以上のレジャー、旅行、スポーツ、別荘へと変身した。……現在、中国の中産階級にとって最大の関心事はやはりマイホームとマイカーである」

こうして、中国の中産階級はテレビや洗濯機、冷蔵庫などの耐久消費財を備えるようになった後、住宅と車、および衒示的ブランド品の消費に金を使うようになってきた。これら特定の消費財は他の階層と差をつけるための、また中産階級という身分を確立するための記号となっている。

　たとえば、二〇一〇年四月一五日、「人民日報」[100]の「〝ラグビー型〟の分配構造に順次向かう」[101]という記事には、「人々の階層地位は消費財によって象徴的な意味で表される。一般的に、マイホームとマイカーを有することは中国の中等収入者層のシンボルだと思われている。……貯蓄は中等収入者層の形成にとって非常に重要である」という記述がある。

　また、中国の新聞は中産階級の記号としての住宅を取り上げる際に、よく欧米の住宅や別荘を参考に、中国の中産階級にモデルを提示している。一例を挙げれば、二〇一〇年五月六日の「人民日報」[102]に「海外の住宅を管見する」[103]という記事がある（図2-3）。そこで示されたカナダの「中産住宅」の例を参考にして、中国の中産階級は自分の生活を見つめ直すのである。

図2-3：カナダの「中産住宅」
（出所）2010年5月6日「人民日報」

　そして、中国の新聞はマイカーを中産階級の記号として意味づける際に、ほとんど外国車を念頭に置いている。つまり、外国車自体が中産階級のイメージを含んでおり、外国車を買うという消費行為が中産階級的であるということを示しているのである。

二〇〇七年九月三日、「人民日報」[104]に掲載された記事「車市場の動態について」[105]は「中国におけるベンツの主なユーザーは中産階層である」と述べ、二〇〇七年一〇月一二日、「南方週末」は「ヨーロッパ系の出撃　動きで進む」[106]という記事で、「膨大な中産階級はヨーロッパ系の車のターゲットである。……ヨーロッパ系の車は膨大になりつつある中国の中産階級を動かし、中国の発展を推進する」と語っている。

二〇一〇年一一月八日、「南方週末」に掲載された「世界を股にかける人には世界を股にかける車が必要」[107]という記事の中に、次のような詳細な記述があった。「二〇二六年は中国の中産階級は五億人に達すると予測される。中産階級の職業構成は、五割近くは専門家と商業界のエリートである。彼らはこの社会において、二つ以上の異なる身分を持っている。また二つ以上の異なる趣味を持っているかもしれない。彼らは変化を求め、新鮮なものを追求してはいるが、また一つの物に執着している。彼らは絶えず自己に挑戦し、勇敢にチャレンジしている。彼らは個性的で品位のある生活に憧れているが、また理性的でもあり、感性的な消費に矛盾を感じている。……我々の分析によると、このような膨大化しつつある中国の中産階級は世界を股にかける車の消費者である。……ホンダ車が製品の質において、世界を股にかけることを実現した。ホンダ車は精神面と文化領域においても、〝世界を股に掛ける〟車にレベルアップできると考えている。ホンダは努力によって潮流の指導者になりうる。中国の中産階級はホンダと同様に潮流の指導者であり、消費の主力である」

二〇一〇年一二月一六日、「南方週末」に掲載された「中国自動車業の順調な発展とともに」[108]という記事は、米CNBC局の番組「マッド・マネー」の司会者ジム・クレイマーの話を次のように引用している。「中国の都市化と中産階級の増加のおかげで、中国での外国車の販売量は前年比二四％増の速度で増加している」（図2－4）。

図2-4：ウォール街の車販売所
（出所）2010年12月16日「南方週末」

こうしたマイカーとマイホームのほか、中国の新聞に描かれた中産階級のイメージは、ブランド品という贅沢品ともいつもつながっている。これは前述した中産階級の女性イメージに関する描写にも見られる。また、二〇一一年一月二〇日、「人民日報」[109]の「本当にお金の問題ではないか？」[110]という記事はデータを挙げて、次のように説明している。「北京、上海などの大都市では、光輝く高級ブランド品の専門店をよく目にする。ルイ・ヴィトン、プラダ、グッチ、フェラガモ、バーバリーなどの国際的なブランド品が揃っている。二〇一〇年に中国における贅沢品の消費は六五億ドルに達した。その成長率は三年連続、全世界で一位である。周知のように、贅沢品の消費の中心は中国の中産階級である」

そして、二〇一一年一月三一日、「南方週末」は「顔にかけるグッチの鞄」[111]という文章で、中国の中産階級がなぜブランド品に夢中になるかについて論じている。「ブランド品を崇拝する心理は、世間の人であれば、誰にでもある。ただ、中国では中産階級が必要以上にブランド品に夢中になっている。おそらくそれは中国独自の面子の文化とも関係があるだろう。ブランド品は身分や地位の象徴である。グッチの鞄を一つ持つと、その象徴性は実用性よりはるかに大きい。一万元のグッチの鞄を腕に提げると、それには名刺の働きがあるのだ。グッチの鞄は中産階級であることを自動的に紹介してくれるのだ。面子が大きくなって、どこへ行っても中産階級と認識される。いかに名誉なことか」

こうして、中国の新聞によって取り上げられた中産階級の記号としてのブランド品は、実用上役に立つというより、中産階級であるというメッセージを伝達することに有用性があると言えよう。中国の新聞から見ると、ブランド品の消費行為を通じて、買い手はブランド品に中産階級の意味を見出し、中産階級の記号を所有すると同時に、目撃者は買い手の消費行為（パフォーマンス）から中産階級の意味を読み取ることができるのである。

第六節　新聞による中産階級の描写手法

本節では、中国の新聞が中産階級をいかに構築しているかについて考察するために、修飾語と動詞の使用、他のテクストとの連関を調査する。同時に、中国の新聞の中産階級に対する態度も考察していく。

一　修飾語の使用

まず、形容詞や形容動詞といった評価的な用語の分析から、中国の新聞が中産階級のイメージをいかに描き出しているかを考察する。評価対象を中産階級とした上で、評価対象を含むセンテンスを抽出する。それらセンテンスには形容詞や形容動詞といった評価的な用語があるかどうかを調べて、評価的な用語が中産階級を修飾しているかどうかを判断し、修飾していると判断される場合には、その形容詞や形容動詞を抽出する。その結果、評価対象である中産階級、およびそれを修飾する評価的な用語を両方とも含むセンテンスが三八二個得られた。中産階級を修飾する評価的な用語（修飾辞としての形容詞や形容動詞）の使用頻度[112]を量的に集計したのが表2-5である。この統計は、母集団を数え、割合を提示することよりむしろ、修飾辞とその頻度数を示すことによって、どのような評価的用語が新聞紙上の中産階級を修飾しているか、ある特定の評価傾向があるかどうかを明らかにすることを目的とした。

表2―5から、中国の新聞も全体として中産階級をネガティブに評価するより、ポジティブに評価する傾向が強いことがわかる。

具体的な報道・記事の内容を検討していくと、中国の新聞は「抑郁的（和訳：抑圧的な）」「不安的（和訳：不安な）」「焦虑的（和訳：焦慮する）」「疲惫的（和訳：疲れ切った）」「苦恼的

表2-5：「人民日報」と「南方週末」における形容詞の統計

（単位：回数）

修飾語	使用頻度	修飾語	使用頻度
稳定的	74	安心的	1
富裕的	65	健全的	1
和谐的	40	平稳的	1
小康的	38	苦恼无奈的	1
合理的	21	胸无大志的	1
公平的	21	疲惫的	1
中坚的	18	不求上进的	1
民主的	15	恐慌的	1
抑郁的	12	苦恼的	1
重要的	10	理想的	1
焦虑的	8	协调的	1
不安的	7	坚实的	1
幸福的	7	幼稚的	1
健康的	4	孤芳自赏的	1
奢华的	4	可怜的	1
自由的	4	悲哀的	1
庞大的	4	温和的	1
公正的	4	软弱的	1
空虚压抑的	3	虚弱的	1
成功的	3	保守的	1
平等的	3	正义的	1
文明的	3	养尊处优的	1
积极向上	2	均衡的	1
虚伪势力的	2	繁荣的	1
新兴的	2	理智的	1
安定的	2	稳固的	1
满足的	2	庸俗的	1
冷漠的	2	优雅的	1
平衡的	2	空虚的	1
有闲的	2		

（筆者作成）[113]

（和訳：苦しい）」といった修飾語を用いて、都市の中産階級の生活や仕事に対する悩みや不安を語っている。

たとえば、二〇〇九年八月一一日、「南方週末」は「動向」というコラムに掲載された「中産階級の困惑から窺える中国の〝思春期の悩み〟」[114]という報道の中で、「中産階級の不安な精神状態」を列挙し、中産階級の不安を中国社会に生じた「仇富現象」[115]へと帰結させている。

図2-5： 重圧の下“中産”
（出所）2010年9月16日「人民日報」

二〇一〇年四月一五日、「人民日報」[116]で掲載された「〝ラグビー型〟の分配構造に順次向かう」[117]という報道では、「マイホームの所有は通常、中間階層のマークと見なされている。ところが、マイホームを持つことにより、〝房奴〟になった中間階層は不安に陥っている」と、中産階級の不安が家のローンの返済によるものと語っている。

二〇一〇年九月一六日、「人民日報」[118]では「〝中産〟の未来はどこにある」[119]という報道を掲載し、「賃上げから昇進まで、戸籍制度から分配制度まで、子供の教育から社会的地位まで、〝中産〟は単なる具体的な生活の問題だけではなく、実在する不安の下で、悩んでいる。現実の諸圧力の下で、毎日焦慮している。……でも、抑圧された〝中産〟たちは今なお、困難に向かって奮闘している」と記述している（図2-5）。

また二〇一〇年七月二九日、「南方週末」は「外から中国を眺める」[120]という記事の中で、「中国のいわゆる〝中産階級〟は〝焦慮〟の泥沼に陥って自ら抜け出すことができない。人々は白菜を買うような感じで、先を争って家を買う。肉、米、および家賃の上昇は、人々の購買欲を増強している。焦慮の中産階級は〝価値あるもの〟を手に入れたら、ようやく落ち着くようだ。……それは一つの社会的な病気である。心配だから、先行きがわからないから、また保障がないから、中国の中産階級は消費に没頭するしかないのだ」と述べ、さらに「焦慮の中産階級は中国社会の柱である。彼らの焦慮は中国社会の焦慮でもある」と結論づけている。

以上で見られたのは、中国の新聞に消極的な修飾語で描かれた中産階級のイメージである。

ところが、このような「不安な」「焦慮する」中産階級はメインではない。

中国の新聞は中産階級に対して、最もよく使っている修飾語は「稳定的（和訳：安定的）」「富裕的（和訳：裕福な）」「和谐的（和訳：なごやかな）」「小康的（和訳：ゆとりのある）」といった言葉である。これらの肯定的評価の形容詞で表されたのは、中国の中産階級の積極的なイメージである。こうした積極的なイメージは新聞上の中産階級の最も主要なイメージでもある。

以下、代表的な例をいくつか挙げてみる。

二〇〇三年一月二〇日、「人民日報」[121]の記事「中等収入者の比重を拡大する」[122]には、次の文章がある。「中等収入者は社会の安定器そのものである。……中等収入者は社会の既得権益者として、既存の社会秩序を自覚的に維持したいと思っている。……安定的な中等収入者層の比重が大きくなることは、自然の進化過程である。……経済発展はある段階になると、安定的な中等収入者を形成する」

二〇〇七年八月三日、「南方週末」の記事「中産は単なる〝経済的人間〟だけではなく、〝宗教的人間〟でもある」[123]には、また「〝先に豊かになった一部の人〟として、都市のホワイトカラーと中産階級は裕福な階層として、さらなる利益を追い求めている」と書かれている。

図2-6：貴陽 ── 雪中の“緑のリボン”
（出所）2008年2月27日「南方週末」

二〇〇八年二月二七日、「南方週末」の報道「貴陽――雪中の〝緑のリボン〟が何を表わしているのか？」[124]には、次のような記述が見られる。「毎回、大きな自然災害や突発事件に遭うと、中国人はいつも政府の救援を消極的に待っている。……しかし、貴陽が大雪に襲われた時、〝緑のリボン〟という活動が一つの新しいモデルを切り開いた。この活動は〝中等収入者群体〟によって自発的に行われたものである。……中国の中産階級は裕福になったと同時に、強烈な公民意識も形成している。……今後、この裕福な中国の中産階級は社会的な仕事に参加する能力をますます発揮するであろう」（図2-6）

そのほか、二〇〇九年九月二日、「南方週末」の記事「彼らが中産でなかったら、誰が中産なのか」[125]によれば、「中国の社会は発展している。すでに巨大で裕福な、有閑的な中産階級が形成された」。二〇一〇年四月一五日、「人民日報」[126]の記事「〝ラグビー型〟の分配構造に順次向かう」[127]によると、「先進国の経済発展によれば、中等収入階層は社会安定の基礎であり、また社会の調和を保つ基礎でもある。近代化の過程そのものは中等収入群体が絶えず拡大する過程でもある。……総じて、安定的な中等収入群体の比重が低い国家はいつも挫折している。その発展の道も苦難に満ちている」。二〇一〇年九月一六日、「南方週末」の記事「中国では中産階級が最も定義しにくい」[128]によれば、「〝中産階級〟は〝裕福な人々〟だと思われている。彼らは自動車を購入し、耐久消費財を大量に買い求め、海外旅行によく出かける」のである。

二 動詞の使用

中国の新聞や語り手の中産階級への態度を知るために、ここでは、新聞自身の、また新聞紙上で中産階級を語る主体の態度を考察するために、中産階級という語を主語ないしは目的語としている文中の動詞をすべて抽出し、それぞれの使用頻度を算出した。全体では、中産階級という語を主語ないしは目的語としている文は一三七個である。それぞれの文に使われた動詞とその使用頻度を集計した結果は表2-6で示した。[129]

表2-6に示されたように、中国の新聞では「拡大」「培育」「発展」といった動詞が最も

表2-6：関連報道における動詞の統計（「人民日報」と「南方週末」）

（単位：回数）

動詞	使用頻度	動詞	使用頻度
扩大	37	重视	3
培育	24	增长	2
壮大	13	推动	2
发展	10	加速	2
发育	8	需要	2
崛起	8	维持	1
增加	7	推進	1
形成	6	膨胀	1
促成	5	渴望	1
成长	3	促进	1

（筆者作成）[130]

頻繁に使用されている。実際の報道・記事の内容を見ると、これらの動詞は元々、中国政府が政策に使っていた言葉であり、新聞もそのまま借用している。また、新聞自身も様々な語り手とともに、近年、中国の社会で「壮大」になり「形成」されつつある中産階級を「重視」し、さらに中産階級を「促成」、「推進」しようという積極的な態度が窺える。

それぞれの代表例として、次のような報道・記事が挙げられよう。「収入分配の改革は中等収入者の比重を拡大すべし」[131]「中等収入者の比重を拡大する」[132]「貧富の衝突の解消は社会構造の調整にあり」[133]「過去一五年間を振り返って、二〇二二年を遠く眺める」[134]

三　「間テクスト性」

中国の新聞における中産階級のイメージは、複数のテクストが絡みあって構成されたものである。「間テクスト性」の分析を行った結果は、図2-7と図2-8である。[135]
図2-7と図2-8で示された通り、「人民日報」と「南方週末」における中産階級の関連報道は、両紙それぞれの報道姿勢や新聞の性格によって、テクストの使用に違いが見られるが、両紙とも、①政府筋のテクスト（政府の政策や公文書の記載、政治家の発言など）、②学術界のテクスト（主に学者の発言や学術界の定義や学術著書など）、③外国のテクスト（欧米のテクスト、とりわけ、アメリカのテクスト）、④他のメディア・テクスト（新聞以外のメディア・テクスト）という四つのテクストを連関させながら、中国の中産階級を表象しているのである。

（単位：出現回数）

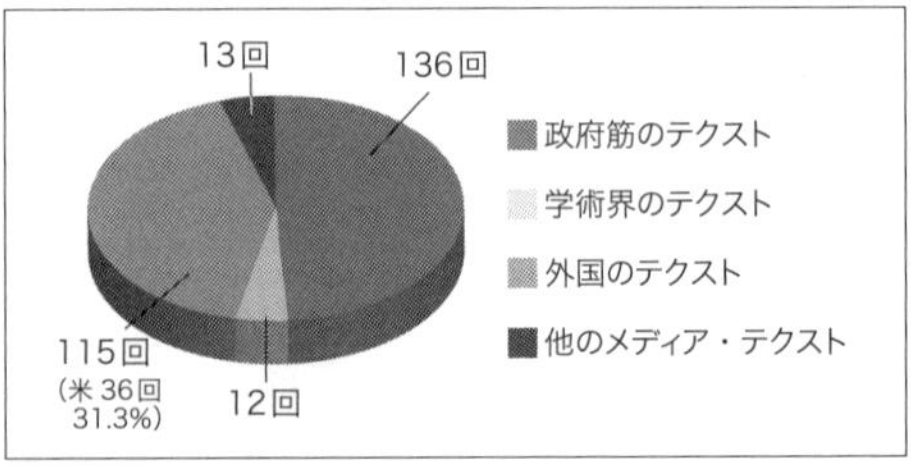

図2-7：「人民日報」上のテクスト連関（筆者作成）

（単位：出現回数）

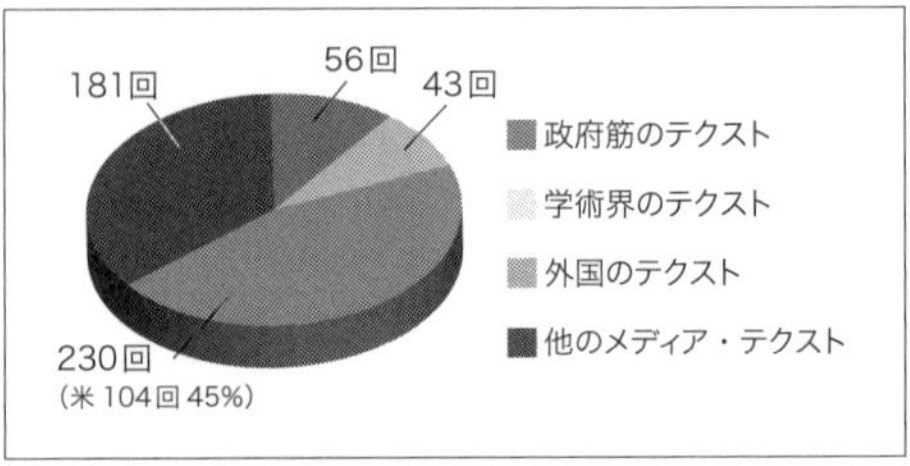

図2-8：「南方週末」上のテクスト連関（筆者作成）

報道・記事の内容を具体的に考察すると、以下のような特徴が見られる。

1．政府筋のテクストの使用

中国共産党の機関紙である「人民日報」においては、政府筋のテクストを使用した報道・記事が最も多い。これら政府筋のテクストの使用は政府の政策や方針などが公表されるたびによく見られる。「人民日報」における政府筋のテクストの使用法は主に次のようである。政府の綱領、提案や政治家の発言、議論を直接引用したり、間接的に言及したりする形で、政府の「中等収入階層を拡大する」という目的、および中国社会の構造について論じている。

その代表例として、「九回五次政治協商会議が第二次大会を開いた」[136]「小康社会を全面的に建設する　中国の特色ある社会主義事業の新しい局面を切り開く」[137]「中国共産党の新世紀初頭の行動綱領」[138]「新しい一里塚と新世紀の努力目標　十六大の報告を学び　十六大の精神を貫徹する」[139]などが挙げられる。

2. 学術界のテクストの借用

高学歴読者に人気のある週刊紙「南方週末」は、中産階級に関連する報道・記事では、中国社会科学院、およびいくつかの大学が行った階層調査の結果や、関連する学術著書などをよく借用したり、さらには、学者や専門家を招き、中産階級をめぐって紙上で議論を行ったりしている。

たとえば、「中国はすでに先進国になったか？」[140]「陸学芸――公平に向かう社会政策が必要である」[141]「朱学勤――政治改革は公平を実現する正しい道である」[142]「孫立平――一つの新しい社会が形成されつつある」[143]「社会的地位が変化する〝秘密〟を明らかにする」[144]「二〇〇三年、中国のいくつかの肝心な問題」[145]「まだ少数の中等収入グループの速い成長を待つ」[146]「孫立平——社会を再建することで経済の大きい苦境を乗り越えよう」[147] などの報道・記事が代表的である。

3. 外国のテクストの援用[148]

「人民日報」にせよ、「南方週末」にせよ、多岐にわたる欧米と日本、とりわけアメリカの中産階級のテクストを借用し、中国の中産階級のモデルや参考例として取り上げている。

たとえば、フランスの中産階級を紹介した代表的な例は、二〇〇七年九月三日の「南方週末」で報道された「サフイ別荘を漫歩する」[149] が挙げられる。そこで、パリの郊外に建てられた「中産階級の別荘」やその室内装飾が詳細に紹介されている（図2-9）。

図2-9：パリの「中産階級の別荘」
（出所）2007年9月3日「南方週末」

また、日本の中産階級に言及したのは二〇一一年二月二四日の「南方週末」に掲載された「外から中国を眺める」[150] という記事が代表的である。その記事には、「日本は中産階級を成立させた。参考にすべし」[151] という小見出しがあり、そこに、「中国の経済成長と戦後の日本の成長はかなり似ている。……しかし両国の最も大きな違いは、〃中流意識〃にある。……日本の経験を学び、安定した〃中流社会〃を構築することによって、政治体制を守ることができる」という論述が見られる。そこで見られたのは、中国が日本の経験から学ぼうとしている姿勢である。

中国の新聞はアメリカの中産階級を紹介する際に、ほとんど中米比較の形を取っている。たとえば、「経済の良くて速い発展の重要な支え」[152]「中米名門校の違い」[153]「いかにして幸せな〝ラグビーボール〟型を育成するか」[154]「色褪せさせるべきでない光の輪」[155]「中国では中産階級が最も定義しにくい」[156]といった報道・記事には、中米の中産階級に関する直接比較が散見される。

イギリスの中産階級と比較したのは二〇〇九年九月二三日の「南方週末」に掲載された「誰が誰よりさらに中産的なのか」[157]と「自ら中英両国の中産を比較する」[158]という二つの報道が最も鮮明なものである。

4．他のメディア・テクストの活用

中国の新聞における中産階級のイメージの多くはまた、広範なメディア・テクスト、たとえば映画、テレビドラマ、広告、小説、書籍などと連関している。代表例を挙げれば、「Ｍｒ・ビーンは中産階級の皮を剥いた」[159]「映画、時代の列車」[160]「書評『ピカソの成功と失敗』」[161]「〝カタツムリの家〟から〝安定の家〟へ」[162]「[文化情報]抹消された遺跡」[163]などの報道・記事がある。

第七節　中産階級の語り手

本節は中国の新聞で中産階級について意見や主張を述べた発言者を抽出し、新聞に寄稿し、中産階級に関して自分の考えを表現する者、および記者のインタビューに応じて中産階級について語る者、その両者を中産階級の語り手と見なす。語り手の社会的地位を考慮に入れつつ、社会が中産階級の地位や役割に対してどのように認知し、評価しているかを考察する。[164]「人民日報」と「南方週末」という両紙上の関連報道に対する頻度分析の結果は図2－10となる。

図2－10で示されたように、中国の新聞における中産階級の語り手は、①学者、②政府の役人、③中産階級と自称する人、④他の階層と自認する人、⑤メディアの関係者という五種類に分けられる。

以下、この五種類の語り手とそれぞれの語る内容を具体的に見ていく。

一　学者という語り手

二〇〇六年九月二五日に、清華大学の社会学部教授・李強は「人民日報」[165]に登場し、「社会

（単位：出現回数）

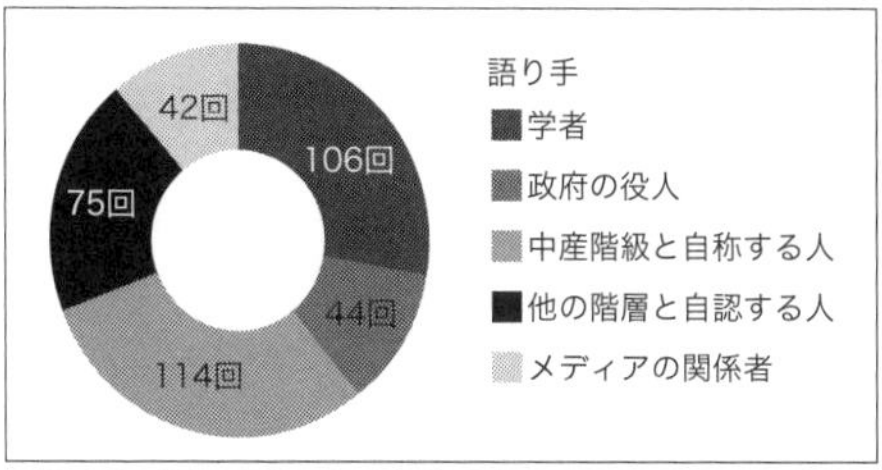

語り手	出現回数
学者	106
政府の役人	44
中産階級と自称する人	114
他の階層と自認する人	75
メディアの関係者	42

図2-10：「人民日報」と「南方週末」における語り手分析
（筆者作成）

構造を積極的に調整する」[166]という記事で、「現在の社会構造は社会問題の根源である。調和がとれた社会を築くため、中間階層を拡大する必要がある」と述べた。

二〇〇七年一月一七日の「人民日報」[167]に掲載された「社会主義の調和のとれた社会の理論研究を推進する」[168]という報道では、中国社会科学院の学者を招いて、中国共産党第一六届中央委員会第六次全体会議の『決定』について議論した。そこで、学者たちは「改革開放以降、中国は大いに発展した。ところが、社会構造が経済の発展とつりあわない。国家を現代化するには、膨大な中間階層が絶対に必要である」という一致した意見を表明した。

二〇一〇年四月二二日、中国の中産階級研究の専門家・李春玲は「人民日報」[169]に「社会的責任感を持つ中間階層を育成しよう」[170]という文章を寄稿し、「私たちの社会は中等収入者群体を拡大しなければならない。また、安定的な心理状態を育成することも必要である。……社会的責任感を持つ中間階層があれば、収入格差の拡大を抑制することができる」と強調した。

「南方週末」は二〇〇七年八月六日に、上海同済大学文化批評研究所の教授・朱大可の文章「エリートはなぜ誤解されるか」[171]を掲載し、「中産階級はよい調停者である。彼らの存在は社会財産分配の公正を示している」として、中産階級の働きについて論じた。二〇〇七年九月二六日に、「貧富の衝突の解消は社会構造の調整にあり」[172]という報道で、清華大学社会学部教授・孫立平とのインタビューを全文引用し、「社会構造の合理化は中間階層の拡大を通じて行わなければならない」と結論づけた。

以上、挙げた中国の新聞紙上の学者の発言から見えるのは、彼らが政府の政策に合わせて、中産階級の拡大を呼びかけるという、中産階級の役割に肯定的な態度である。

二　政府の役人という語り手

代表的な例を挙げると、「人民日報」[173]は二〇〇二年三月八日に、中国人民政治協商会議第九届五回大会に参加した代表の発言を掲載し、「中等収入層の育成を促進し、中等収入層の範囲を拡大すべし」と強調した。

二〇〇二年一一月一一日の「人民日報」[174]は国家計画委員会、国家経済貿易委員会の記者会見を報道した。そこでは、国家計画委員会の主任・曽培炎と国家経済貿易委員会の主任・李栄融の話を引用し、「中国の経済と社会の発展にしたがい、中等収入階層を育成・拡大することが重要となってくる」という趣旨の説明をした。

こうした政府の役人の語りから、彼らの「中等収入階層を拡大」しようとする積極的な態度がはっきりと伝わってくる。

三　中産階級と自称する人

「人民日報」の「百姓生活」および「南方週末」の「人物」というコラムは、しばしば中産階級と自称する人たちを紹介している。そこに、彼らが中産階級としての自己に対する評価や、自らが持つ特徴に対する了解・認識が表れている。

たとえば、前節でも取り上げた「南方週末」の二〇〇九年三月二七日の記事「範敏　半分は帝王、半分は将相」[175]や、二〇〇九年八月二六日の記事「〝中産〟の後――あざやかに輝く身分の背後に耐えがたい重圧」[176]、二〇〇九年一〇月一六日の記事「六〇人の中国の夢・邱柯」[177]など、また「人民日報」の二〇一〇年九月九日の記事「〝中産〟の暮らしは楽ではない」[178]と、二〇一〇年九月一六日の記事「〝中産〟の未来はどこにある？」[179]などである。

総じて、中産階級と自称する人の語りには、彼ら個人の認識や経験が含まれている。そこからは、彼らの階層帰属意識がはっきり読み取られよう。新聞に登場した中産階級と自称する人々は確かに自信に満ち、自己に対する肯定感が強く見えるが、現在や今後に対して不安や心配を抱いているのも同時に読み出せる。つまり、中産階級である自己認識の中に潜んでいる心理的ねじれが見られるのである。

四　他の階層を自認する人

全体的には他の階層を自認する人の語りは、中産階級と自称する人の語りほど多くない。代表的な例として挙げられたのは二〇〇八年三月一九日の「南方週末」に掲載された「都市の貧民、貧しすぎて怖いものはなにもない」[180]という報道である（図2－11）。そこで、何人かの農民工（農村出身の出稼ぎ労働者）とのインタビュー記事を基に、記者は次のように農民工の中産階級に対する意見をまとめた。「中産階層と比べて、最も不安な暮らしをしているのは都市の貧民である出稼ぎの農民工である。彼らにとって、中産階層なんか自分とあまり関係ない。……彼らは都市社会の最底辺に位置づけられている」。

図2-11：「貧しい都市の貧民」
（出所）2008年3月19日「南方週末」

このように、他の階層を自認する人の語りからは、彼らが中産階級に対してほとんど無関心であることがわかる。

五　メディアの関係者

二〇〇七年八月一五日の「南方週末」に掲載された記事「記者の節約生活」[181]の冒頭に、『南方週末』の記者として、普通〝中産的〟な生活を送っていると思われているが、物価上昇の現在、私も節約して暮らさなければならない」という一文がある。

二〇〇八年四月二日の「南方週末」は同紙の特別評論家・葉檀の「政府の財産に対する強力なコントロールは危険な印である」[182]という文章が掲載された。その中に、「中国の改革開放によって、市場経済が発展し、またそれにともなう中産収入階層も生まれた。……発展の方向は間違っていないが、安定した社会を維持するために、中産収入階層の公民意識も育成しなければならない。……公民意識を有する中産収入階層を育てるには、まず公民の私有財産権は法的に守られるべきである。物権法が完備することで中国の改革に動力と基礎を与えることができる」という記述がある。

以上からわかるのは、中国のジャーナリスト自身が中産階級であることをはっきり自認していることである。同時に、彼らが自国の中産階級に影響を与えたい、中産階級の権益を守りたいという気持ちを持っていることも窺える。

以上は、新聞における中産階級の五種類の語り手それぞれの語る内容である。確かに中国の新聞は中産階級の報道だけではなく、ほとんどすべての社会問題や社会事件を扱う際に、各種の語り手の語りを通じて、社会的議論を巻き起こし、一定のメッセージを発信している。ただ、本節の分析に基づき、中産階級に限って見れば、中国の新聞において、ほとんどの語り手が中産階級に対して積極的な態度を示していることに注目すべきである。

【注】

1　確かにメディア上の中産階級に関する認識あるいはイメージは、中産階級の訳語がそのまま使われなくても、所々で断片的に示されることがある。しかし、これらの断片を集め、中産階級のイメージの全体像とその構造を解明するには、多くの技術的困難をともなっているため、本章ではとりあえず、まず中産階級に当たる訳語がそれぞれ直接に使われたメディアの内容を分析資料にする。

2　前述のように、中産階級の語り手を判断する基準は、報道・記事の中で、誰が中産階級について語っているか（新聞に寄稿し中産階級に関して自分の考えを表現する者、および記者のインタビューに応じて中産階級について語る者）だけによって判断する。たとえその語り手に複数の身分があるとしても、筆者は中産階級を語る主体が新聞に登場する際に示されている社会的ポジションにのみ注目し、それを中産階級を語る主体の基準と判断する。

3　当時、海外のメディアはその演説を、中国共産党が社会の新しい階層を取り込んで国民政党になろうとしていると歓迎し、好意的に報道していた。

4　同じく二〇〇一年以降、中国における中産階級の台頭は、日本の出版ジャーナリズムでもしばしば取り上げられた。その際の論点は、次の三つの点であると思われる。①政治体制への関心：中国の中産階級の台頭は、政治的な民主化をもたらすか。②社会問題への関心：中国の貧富の差の拡大が懸念されていることに対し、それに対する反証材料として中産階級の拡大を見る、あるいは階層間の緩衝材的役割を期待する。③マーケティング対象としての関心：マーケティング対象として中国の中産階級のライフスタイルや消費傾向を紹介する。

5　「科学的発展観」は、「人と自然の調和を促進し、経済発展と人口・資源・環境との調和を実現し、生産を発展させ、生活を豊かにし、エコロジーの良好な、文明的な発展の道を歩むことを堅持し、一世代から次の世代へと永続的に発展することを保証」する考え方である（園田 2008: i-ii）。

6　「和諧（調和のとれた）社会」は、「貧富の格差是正」や「持続的発展」に重点を置いた政策目標である。元々、二〇〇四年の共産党第一六期中央委員会第四回総会で提示されたものである（園田 2008: i-ii）。

7　第二版［版名：要闻］。

8　中国語の原文：「国民经济和社会发展第十一个五年规划纲要」。

9　中国語の原文：「九大目标描绘〝十一五〟中国」「人民日報」（第五版［版名：两会特刊］）。

10　中国語の原文：「以人为本是科学发展观的核心」「人民日報」（第六版［版名：要闻］）。

11　中国語の原文：「深化改革、扩大开放是贯彻落实科学发展观的必然要求」「人民日報」（第六版［版名：要闻］）。

12　中国語の原文：「〝青黄不接〟的中等收入群体急待发育」。

13　二〇〇一年一〇月一九日「人民日報」（第五版［版名：APEC专版］）。中国語の原文：「曾培炎在A

PEC工商领导人峰会上指出中国将积极推进战略性结构调整」。
14 二〇〇二年一月一四日「人民日報」(第九版［版名：经济周刊］)。中国語の原文：「适当提高消费率」。
15 二〇〇二年一月三一日「人民日報」(第五版［版名：国民经济］)。中国語の原文：「劳动和社会保障部发布社会劳动和劳动价值理论课题成果 收入分配改革要扩大中等收入人群比重」。
16 二〇〇二年二月二六日「人民日報」(第九版［版名：理论］)。中国語の原文：「收入分配与社会稳定解析」。
17 二〇〇二年三月八日「人民日報」(第二版［版名：要闻］)。中国語の原文：「政协九届五次会议举行第二次全会十二位委员发言谈增加农民收入等问题」。
18 二〇〇二年三月八日「人民日報」(第七版［版名：代表建言］)。中国語の原文：「全国政协九届五次会议大会发言摘编」。
19 二〇〇二年八月二日「人民日報」(第五版［版名：国民经济］)。中国語の原文：「今年上半年商品市场供大于求趋势加剧、物价持续下滑――消费品市场有待激活」。
20 二〇〇五年三月八日「人民日報」(第五版［版名：两会特刊］)。中国語の原文：「让〝金字塔〟变为〝橄榄球〟――万以宁、陈漱渝委员谈调节收入分配构建和谐社会」。
21 二〇〇五年三月八日「人民日報」(第五版［版名：两会特刊］)。中国語の原文：「着力民生 务实进取」。
22 二〇〇七年三月二三日「人民日報」(第一〇版［版名：政治新闻］)。中国語の原文：「健康快车」。
23 二〇〇九年五月一八日「人民日報」(第六版［版名：国际新闻］)。中国語の原文：「金融危机催生理性消费」。
24 二〇〇九年九月二九日「人民日報」(第一版［版名：要闻］)。中国語の原文：「走向复兴的〝中国道路〟――写在新中国成立六〇年之际」。

25　二〇一〇年四月一五日「人民日報」（第一六版［版名：观点］）。中国語の原文：「逐步形成〝橄榄型〟分配格局」。

26　二〇〇三年五月八日「人民日報」（第一三版［版名：国际周刊］）。中国語の原文：「中东欧：隐忧与希望」。

27　二〇〇三年一二月四日「人民日報」（第一三版［版名：国际周刊］）。中国語の原文：「阿根廷　各取所需各尽其责」。

28　二〇〇五年二月一七日「人民日報」（第三版［版名：国际周刊］）。中国語の原文：「政坛黑马出任党魁美国　民主党重整旗鼓」。

29　二〇〇七年一月一二日「人民日報」（第七版［版名：国际周刊］）。中国語の原文：「回眸・冀望・感叹」。

30　二〇一〇年五月六日「人民日報」（第二三版［版名：国际周刊］）。中国語の原文：「管窥国外住房政策——市场繁荣依靠理性与规范」。

31　二〇〇九年四月一四日「人民日報」（第一五版［版名：国际副刊］）。中国語の原文：「新宿流浪人」。

32　二〇〇七年一二月二六日「南方週末」。中国語の原文：「财富中国的清明上河图」。

33　二〇〇八年四月二九日「南方週末」。中国語の原文：「美国集中对中产阶级发放一五〇〇亿退税」。

34　二〇〇九年八月五日「南方週末」。中国語の原文：「一个老华尔街人的失业记——危机中纽约中产阶级的生活」。

35　二〇〇九年八月二六日「南方週末」。中国語の原文：「〝中产〟之后——光鲜身份背后的难以承受之重」。

36　二〇〇九年九月二四日「南方週末」。中国語の原文：「亲身比较中英两国谁更中产」。

37　二〇一〇年一〇月二八日「南方週末」。中国語の原文：「通胀压力下的中产阶级资产保卫战」。

38 二〇〇七年八月二三日「南方週末」。中国語の原文：「新房改　高房价下的转向」。
39 二〇〇七年九月二六日「南方週末」。中国語の原文：「化解贫富冲突　调整社会结构」。
40 二〇〇七年一〇月一〇日「南方週末」。中国語の原文：「医改　另一种表达」。
41 二〇〇七年一〇月一七日「南方週末」。中国語の原文：「从民生到民权 从先富到共富」。
42 二〇〇七年一〇月二四日「南方週末」。中国語の原文：「中国已无回头路」。
43 中国語の原文：「〝中产〟之后――光鲜身份背后的难以承受之重」。
44 中国語の原文：「如何走新型工业化道路」。
45 中国語の原文：「应更加重视社会公平」。
46 中国語の原文：「中国中产阶级形成何以困难」。
47 中国語の原文：「二〇〇七年之十个为什么」。
48 中国語の原文：「个税自行申报何以成为公共话题？」。
49 中国語の原文：「同一企业、收入咋差这么多」。
50 中国語の原文：「贵阳：雪中的〝绿丝带〟折射了什么？」。
51 中国語の原文：「三十年命运变迁」。
52 中国語の原文：「向上流动的路怎样才畅通」。
53 中国語の原文：「跨界人 需要跨界车」。
54 中国語の原文：「未来二〇年哪些人最可能成为中产阶级」。
55 中国語の原文：「中产阶层成为择校费的主要承重者」。
56 中国語の原文：「扩大中等收入者比重」。
57 中国語の原文：「让〝金字塔〟变为〝橄榄球〟」。

58 中国語の原文：「化解贫富冲突要在调整社会结构」。
59 二〇〇二年一一月九日「人民日報」（第二版〔版名：要闻〕）。中国語の原文：「全面建设小康社会　开创中国特色社会主义事业新局面」。
60 二〇〇二年一一月一九日「人民日報」（第九版〔版名：理论〕）。中国語の原文：「中国共产党在新世纪之初的行动纲领」。
61 二〇〇二年一一月二三日「人民日報」（第六版〔版名：学术动态〕）。中国語の原文：「小康社会三题」。
62 二〇〇二年一二月六日「人民日報」（第五版〔版名：理论〕）。中国語の原文：「新世纪头二十年经济建设和改革的主要任务」。
63 中国語の原文：「中国选择〝橄榄型〟」。
64 中国語の原文：「从民生到民权 从先富到共富」。
65 第七版〔版名：代表建言〕。
66 中国語の原文：「切实改革收入分配制度」。
67 中国語の原文：「小康社会的主流公民」。
68 中国語の原文：「培育中产阶层的消费主体和消费观念」。
69 中国語の原文：「中产阶级在中国最难定义」。
70 中国語の原文：「新中产阶级崛起：中国富裕时代的开始」。
71 中国語の原文：「格式化优雅」。
72 二〇〇九年六月一六日「人民日報」（第一四版〔版名：社会观察〕）。中国語の原文：「新生代打工青年的城市困惑」。
73 二〇〇六年一二月一五日「人民日報」（第五版〔版名：视点新闻〕）。中国語の原文：「大学生应放下架

子　在实践中追求成功」。
74　中国語の原文：「〃中产〃之后——光鲜身份背后的难以承受之重」。
75　中国語の原文：「他们不是中产、谁是中产」。
76　本章では、中産階級の訳語をキーワードとして、「人民日報」と「南方週末」の両紙をそれぞれ検索した。その結果を、中産階級の訳語分析を両紙に分けて表2−1と表2−2で示した。ところが、中産階級の構成や、中産階級における形容詞と動詞の使用、中産階級の語り手に関する分析では、「人民日報」と「南方週末」の間に大差が見られないため、表2−3以降の図表（図2−7と図2−8を除き）では両紙を合わせた数値を提示することにした。
77　このほか、次のような特徴も見られる。つまり、「人民日報」では主に定義から中産階級の職業について説明を加えているのに対して、「南方週末」では中産階級と呼ばれた個人を紹介する際に、職業についても言及しているのである。
78　中国語の原文：「成功学光环下的杜拉拉」。
79　中国語の原文：「杜拉拉与职场人生」。
80　中国語の原文：「背LV（LOUIS VUITTON）的中国人」。
81　中国語の原文：「〃中产〃的日子不轻松」。
82　中国語の原文：「范敏一半是帝王、一半是将相」。
83　中国語の原文：「六〇人的中国梦・邱柯」。
84　第一八版［百姓生活］。
85　中国語の原文：「〃中产〃的日子不轻松」。
86　第一八版［百姓生活］。

87　中国語の原文：「〝中产〟的未来在哪里？」。
88　中国語の原文：「〝中产〟之后——光鲜身份背后的难以承受之重」。
89　二〇〇一年五月三一日「人民日報」（第一〇版［版名：学术动态］）。中国語の原文：「城镇居民收入分配状况分析」。
90　二〇〇七年一二月二六日「南方週末」。中国語の原文：「财富中国的清明上河图」。
91　二〇〇八年九月三日「南方週末」。中国語の原文：「中国出口将面临新冲击」。
92　二〇一〇年四月一五日「人民日報」（第一六版［版名：观点］）。中国語の原文：「逐步形成〝橄榄型〟分配格局」。
93　二〇〇九年八月二六日「南方週末」。中国語の原文：「〝中产〟之后——光鲜身份背后的难以承受之重」。
94　二〇〇九年一二月二日「南方週末」。中国語の原文：「经济要刺激、改革更要刺激」。
95　二〇一〇年九月九日「人民日報」（第一八版［版名：百姓生活］）。中国語の原文：「什么是中产」。
96　この統計で割合を提示することが可能であるが、混乱を起こす恐れがある。なぜなら、一つの報道・記事には同一種類の消費財が二度以上使われた場合でも、一回と記録するからである。したがって、この統計では、あくまでも言及頻度の数のみ提示する。
97　第一〇版［财经广场］。
98　中国語の原文：「消费品升级换代将提速」。
99　「大件」とは中国語で、家庭用の高価で大型の憧れの製品である。
100　第一六版［版名：观点］。
101　中国語の原文：「逐步形成〝橄榄型〟分配格局」。
102　第二三版［版名：国际］。

103 中国語の原文：「管窥国外住房」。
104 第一六版［版名：汽车世界］。
105 中国語の原文：「车市动态点评」。
106 中国語の原文：「欧系出击、以动为进」。
107 中国語の原文：「跨界人需要跨界车」。
108 中国語の原文：「搭上中国汽车业的顺风车」。
109 第一八版［版名：百姓生活］。
110 中国語の原文：「真是〝不差钱〟吗？」。
111 中国語の原文：「挂在脸上的Ｇｕｃｃｉ包」。
112 「使用頻度」とは中産階級を修飾する言葉の出現度を示す数値である。
113 確かにここでは修飾語が使用される頻度の相対的比重を示した方がよいかと思われるが、筆者一人の力で内容の母集団を定めることには困難がある。それに、ここで頻度数を比較することより、ある特定の評価傾向を示す方が重要だと判断したため、統計を使用頻度の提示だけにとどめざるを得ない。
114 中国語の原文：「中产阶层困惑折射中国〝青春期烦恼〟」。
115 「仇富」とは、近年中国社会に現れた「裕福な人間に対する嫉妬や憎悪」の心理である。
116 第一六版［版名：观点］。
117 中国語の原文：「逐步形成〝橄榄型〟分配格局」。
118 第一八版［版名：百姓生活］。
119 中国語の原文：「〝中产〟的未来在哪里」。
120 中国語の原文：「围观中国」。

121 第一三版［版名：经济周刊］。
122 中国語の原文：「扩大中等收入者比重」。
123 中国語の原文：「中产不仅是〝经济人〟、也是〝宗教人〟」。
124 中国語の原文：「贵阳——雪中的〝绿丝带〟折射了什么？」。
125 中国語の原文：「他们不是中产、谁是中产」。
126 第一六版［版名：观点］。
127 中国語の原文：「逐步形成〝橄榄型〟分配格局」。
128 中国語の原文：「中产阶级在中国最难定义」。
129 この統計は、新聞自身の、また新聞紙上で中産階級を語る主体の態度を考察するものであるため、「～は～である」を表す中国語の「是」動詞を除いた動詞を数えた。単語を数えることが繁雑な作業であり、筆者一人で注意深く集計作業を行ってきたが、いくらか誤差が生じていることは認めている。また、結果として、動詞の使用頻度を示すことはできたが、それぞれの割合、相対的比重を提示しなかった。相対的比重を提示しなかった理由は、この統計が、母集団を数え、割合を提示することより、具体的な動詞とその使用頻度を示すことによって、新聞自身の、また新聞における中産階級を語る主体の態度を十分に読み取れるからである。
130 動詞は単語で数えることが繁雑な作業であり、筆者一人でかなり注意深く計数作業を行ってきたが、いくらか誤差が生じていることは認めている。この統計では、動詞の数量化はできたが、それぞれの割合、相対的比重を提示することはできてない。その結果、局部的であることを認めざるを得ないが、ある特定の動詞の存否に影響を与えていないことを認識している。また、筆者が一人で行った量的集計では、動詞の否定形は見られなかった。それで、表2-6では動詞の肯定形だけ表示した。

131 二〇〇二年一月三一日「人民日報」（第五版［版名：国民经济］）。中国語の原文：「收入分配改革要扩大中等收入人群比重」。

132 二〇〇三年一月二〇日「人民日報」（第一三版［版名：经济周刊］）。中国語の原文：「扩大中等收入者比重」。

133 二〇〇七年九月二六日「南方週末」。中国語の原文：「化解贫富冲突要在调整社会结构」。

134 二〇〇七年一二月二六日「南方週末」。中国語の原文：「向后一五年、远眺二〇二二」。

135 筆者は新聞上の中産階級をめぐる諸メディアのテクストを考察し、それらの分類は報道・記事の中で、どのようなメディアのテクストが使用されているかに注目することで行った。たとえそのメディアのテクストの出所は、複数存在すると考えられても、筆者は中産階級を語るメディアのテクストが新聞に用いられた際に、新聞に提示された出所のみに注目し、それをテクストの分類基準とする。また、筆者が行った量的集計の結果から見ると、「人民日報」では政府筋のテクストが最もよく使われている。「南方週末」では外国のテクストがよく使用されている。両紙における「間テクスト性」のこうした差異を示すために、ここで図2-7と図2-8で、中産階級の「間テクスト性」の分析結果を示した。

136 二〇〇二年三月八日「人民日報」（第二版［版名：要闻］）。中国語の原文：「政协九届五次会议举行第二次全会」。

137 二〇〇二年一一月九日「人民日報」（第二版［版名：要闻］）。中国語の原文：「全面建设小康社会　开创中国特色社会主义事业新局面」。

138 二〇〇二年一一月一九日「人民日報」（第九版［版名：理论］）。中国語の原文：「中国共产党在新世纪之初的行动纲领」。

139 二〇〇三年一月一六日「人民日報」（第九版［版名：理论］）。中国語の原文：「新的里程碑与新世纪的奋斗目标　学习十六大报告　贯彻十六大精神」。

140 二〇〇二年四月二五日「南方週末」。中国語の原文：「中国已是发达国家？」。

141 二〇〇二年一二月三一日「南方週末」。中国語の原文：「陆学艺——需要以公平为导向的社会政策」。

142 二〇〇二年一二月三一日「南方週末」。中国語の原文：「朱学勤——政改是实现公平的正确路径」。

143 二〇〇二年一二月三一日「南方週末」。中国語の原文：「孙立平——一个新的社会正在形成」。

144 二〇〇四年八月五日「南方週末」。中国語の原文：「揭开社会地位改变的〝秘密〟」。

145 二〇〇三年一月一六日「南方週末」。中国語の原文：「二〇〇三年 中国的几个关键问题」。

146 二〇〇六年六月一日「南方週末」。中国語の原文：「〝青黄不接〟的中等收入群体急待发育」。

147 二〇〇八年一二月一七日「南方週末」。中国語の原文：「孙立平——以重建社会跨过经济大坎儿」。

148 中国の新聞は外国のテクストを多用している。外国のテクストはアメリカやヨーロッパ、日本、さらにその他の国々の中産階級に関するテクストがある。そのうち、最もよく使われているのはアメリカのテクストである（「人民日報」三六回、「南方週末」一〇四回）。その次はヨーロッパ諸国のテクストである（たとえば、イギリスのテクストを「人民日報」は一一回、「南方週末」は六三回使用した）。日本のテクストも見られる（「人民日報」三回、「南方週末」七回）。

149 中国語の原文：「漫步萨伏伊别墅」。

150 中国語の原文：「围观中国」。

151 中国語の原文：「日本成就中产阶级值得借鉴」。

152 二〇〇七年五月九日「人民日報」（第九版［版名：理论］）。中国語の原文：「经济又好又快发展的重要支撑」。

153 二〇〇八年一月三〇日「南方週末」。中国語の原文：「中美名校两重天」。
154 二〇一〇年四月二二日「人民日報」（第一〇版［版名：观点］）。中国語の原文：「如何培育幸福的〝橄榄球〞」。
155 二〇一〇年九月九日「人民日報」（第一八版［版名：百姓生活］）。中国語の原文：「不该褪色的光环」。
156 二〇一〇年九月一六日「南方週末」。中国語の原文：「中产阶级在中国最难定义」。
157 中国語の原文：「谁比谁更中产」。
158 中国語の原文：「亲身比较中英两国中产」。
159 二〇〇七年二月五日「南方週末」。中国語の原文：「憨豆剥下了中产阶级的皮」。
160 二〇〇七年八月六日「南方週末」。中国語の原文：「电影、时代的列车」。
161 二〇〇七年八月一三日「南方週末」。中国語の原文：「评《毕加索的成败》」。
162 二〇一〇年七月八日「人民日報」（第一五版［版名：综合］）。中国語の原文：「从〝蜗居〞走向〝安居〞」。
163 二〇一〇年一〇月一三日「南方週末」。中国語の原文：「［文化资讯］被抹去的遗迹」。
164 前述したように、本章では中産階級の語り手に関する判断の基準は、報道・記事の中で、誰が中産階級について語っているかにのみ注目することである。たとえその語り手に複数の身分があるとしても、本章では中産階級を語る主体が新聞に登場する際に示された社会的ポジションのみに注目し、それを中産階級の語り手の基準とする。
165 第一五版［版名：社会保障］。
166 中国語の原文：「积极调整社会结构」。
167 第九版［版名：理论］。

168　中国語の原文：「推进社会主义和谐社会理论研究」。
169　第一〇版［版名：观点］。
170　中国語の原文：「培育有社会责任感的中间阶层」。
171　中国語の原文：「精英们为什么会被误读」。
172　中国語の原文：「化解贫富冲突要在调整社会结构」。
173　第七版［版名：代表建言］。
174　第二版［版名：要闻］。
175　中国語の原文：「范敏 一半是帝王、一半是将相」。
176　中国語の原文：「〝中产〟之后——光鲜身份背后的难以承受之重」。
177　中国語の原文：「六〇人的中国梦・邱柯」。
178　中国語の原文：「〝中产〟的日子不轻松」。
179　中国語の原文：「〝中产〟的未来在哪里？」。
180　中国語の原文：「城市贫民 穷到什么都不怕」。
181　中国語の原文：「记者的节约生活」。
182　中国語の原文：「政府对财富的强大控制是个危险信号」。

第三章
中産階級の
メディア・イメージの生産

前章では、中国の新聞がいかに中産階級のイメージを作り出してきたのかを明らかにした。そこで、中国の新聞は政府や学術界の影響を受けつつも、メディア独自の手法で中産階級のイメージを形成してきていることが明らかになった。また、新聞が描く中産階級のメディア・イメージには強い政治志向が存在していること、新聞が中産階級の概念を訳語ごとに使い分けていること、新聞の作り出す中産階級のイメージには職業上の偏りやジェンダー・バイアスが存在していることなどを解明した。

では、こうした新聞上の中産階級イメージは一体どのように作られてきて、いかに生成されてきたのか。本章では、中産階級のイメージの生産過程に着目し、新聞メディア関係者（製作者と発信者）への聞き取り調査に基づきながら、同時に中産階級のイメージの生産にかかわる諸力を検討していく。

第一節　メディアの力

メディアは中産階級のイメージの構築行為の直接的な実行者である。H・D・ラスウェルによれば、環境の監視と環境への反応はメディアの基本的な機能である（Lasswell 1948）。また、メディアはいかなるイメージを構成する場合でも、必ずメディアの組織体制、メディアの理念、メディアの外部からの圧力、メディアの内部にいる従事者の個人的要素などから影響を受けている（Tankard and Severin 1992）。筆者が行ったメディアの関係者に対するインタビュー調査からも以上の要素を確認できた。

一　生産のルール：党・政府の管理体制と報道の規制にしたがう

一九四九年の建国以来、中国の新聞メディアは一貫して、党と政府の管理下に設立された「宣伝機関」であるため[1]、党と政府の代弁者と位置づけられ、党と政府の意向伝達を主な役割として担っている。したがって、中国の新聞メディアは中産階級イメージを生産する際に、必ず党・政府の管理体制から影響を受け、報道の規制にしたがわなければならない。

インタビューを実施する際に、新聞編集者はほとんど次のことをまず指摘する。

「中産階級の関連記事を執筆する際に、内容面においては、『中国新聞工作者職業道徳準則』や『報紙出版管理規定』などの規則に従わなければならない。報道する際に、私たちは必ず報道の倫理や上級の要求を守らなければならない。同時に、私たちは中国の国情に適すべき、社会的責任を持つ報道を行わなければならない。私たちの報道は政治的な面では、社会主義の物質文明と精神文明を建設する責任を担っている。経済的な面では、社会主義経済の特徴を反映し、中国の国家経済政策に合わせなければならない。また、市場経済の自由競争に注目し、それを推進しなければならない。文化的な面では、立脚点を中国社会に置き、中国人の文化伝統、生活習慣、審美感を十分に考慮に入れて、文明社会の建設に貢献しなければならない」(編集者X)。

この発言で言及された『中国新聞工作者職業道徳準則』(二〇〇九年一一月九日)を簡単に説明すると、その『準則』では「中国の新聞事業は中国の特色ある社会主義事業の重要な構成部分である」と定義され、「新聞工作者(新聞の従業員)はマルクス・レーニン主義、毛沢東思想、鄧小平理論、〝三つの代表〟論という重要な思想の指導の下で」「党の理論、路線、方針、政策を宣伝し」「社会主義の核心的価値観を伝えなければならない」とされている。[2] また、『報紙出版管理規定』(二〇〇五年九月二〇日)とは、「中華人民共和国国内で新聞・出版の活動に従事する場合、適用する条例」である。その第三条は「新聞・出版はマルクス・レーニン主義、毛沢東思想、鄧小平理論、〝三つの代表〟論といった重要な思想を堅持すべき、正確な世論指導と出版の方向性を堅持しなければならない。社会利益を首位にし、社会利益と経済利益との結合を実現させなければならない。現実の社会に接近すること、および人民と実際の生活に接近することを原則として、中国の特色ある社会主義的環境を建設するために、人民の精神生活を向上させなければならない」と規定している。[3]

したがって、中産階級のメディア・イメージの生産は中国の党・政府の管理体制の下で行われ、報道の規制を受けているものだと理解できる。

二　生産の動機：中国の社会変動に対する認知

「社会の変化を敏感に把握することは私たち編集者の役目であり、またメディアの役目でもある。中産階級に焦点を当てることはまさに中国の社会変動を反映した一現象だと言えよう」(編集者X)。

筆者はインタビューを通じて、メディアによる中産階級のイメージ構築は、中国社会に起こったいくつかの重要な変化に対する必然的な反映であることが明らかになった。それら重要な変化としては主に、①中国メディアの変容、②政府・政策の変化、③社会階層の変動、とりわけ中産階級に対する認知が挙げられる。

まず、中国メディアの変容について、前述したように、中国のメディアは依然として党・政府の管理体制の下に置かれ、「上意下達」の役割を果たしている。ところが、二〇〇一年のWTO加盟により、民間資本と外資が導入され、メディアグループが相次いで設立されるにつれ、中国のメディア市場が開放され、商業化が始まり、中国のメディアは変革期に突入した。こうしたメディアの市場化・商業化と合わせ、新聞メディアも党・政府の政策や主張を単に伝達する「宣伝道具」だけではなくなり、一つのメディア商品へと変身し、読者の願望や期待を反映して読者の興味を引き、また広告スポンサーの要望に応えるために、日常生活に密接した情報を伝えなければならない。つまり、「読者とスポンサーの目を引く〝中産階級〟の話題を取り上げることで、新聞の売り上げにつながるのだ」（編集者Z）という。

次に、「ここ数年、中国政府の中産階級に対する態度はとても積極的だ。メディアの送り手として、私たちは政府の意図をきちんと把握しなければならない。そのため、私たちは中産階級に注目するようになってきた」（編集者X）。この話から、中国政府の方針が新聞編集者が中産階級のイメージを構築する動機になっていることが確認できる。第一章でも説明したように、改革開放以来、中国では産業化・工業化が進み、職業分化と社会移動が発生した。市場経済体制が確立されていくにつれ、ホワイトカラー、私営企業主、サービス業従事者や技術労働者などの新興階層が誕生した。一九九〇年代の後半から、一般の中国人の間でも階層化や格差の深刻化が認識されるようになってきた。こうした時代的要請に応じて、階層化や格差に対する国民の不満を解消することを目指し、二〇〇〇年の二月に中国政府は「三つの代表」を発表した。「三つの代表」という思想から窺えるように、中国共産党はプロレタリアートのみの党ではなくなり、より幅広い人々の代表になってきた。二〇〇二年一一月の中国共産党第一六回全国代表大会で、中国政府は社会の安定を図るために、「中等収入者」という概念を鮮明に打ち出し、収入の格差を縮小するための「中等収入者の比率を拡大する」という目標を設定した。中国政府のこの一連の政策転換は新聞メディアにおける中産階級のイメージの登場に合法性を与え、意識形態上の保障を提供していると考えられる。

また、インタビューの中で、中産階級の政治的地位、経済力、影響力、文化教養に対する新聞編集者の認知も、中産階級のイメージを構築する動機であることを確認した。インタビューの中で、「今後、中産階級は必ず中国の柱になるに違いない」と中産階級の影響力を強調する記者もいれば、「今日、誰でも中産階級の存在が肌で感じられる。この階層の人数はそれほど多くないが、この階層の潜在力は測りきれない。彼らは高い経済力と社会的地位を持っている。政府は彼らを支持し、市場は彼らを求めている。普通の庶民は彼らに憧れている」と中産階級の存在を肯定的に受け止める記者もいる。さらに、「メディアが彼ら（中産階級）にアプローチするのは当然なことだ。今日のメディアは市場競争を勝ち抜くために、スポンサー企業の要望と読者の実際の需要を共に重視しなければならない。高い経済力を持つ中国の中産階級は投資者や広告サポート会社にとって、非常に魅力的だろう。新聞メディアも彼らに支えてもらいたい」と新聞販売の立場から中産階級の価値を重視する編集者もいる。

このように、新聞の中産階級に対するイメージ構築は、この階層の政治的・経済的な重要性を明確に認識した上で行った行為だと考えられる。同時に、九〇年代以降、かつて政府の宣伝機関であった中国の新聞は商業化が進み、市場経営の規律にしたがって運営され始めているという事情の下で、党・政府の「代弁者」と「メディアの商品」という「二重身分」を持つようになっている。社会の変動、特に中産階級を把握した上で、中産階級のイメージを構築しているることは、単なる政府の方針に応じる政治的キャンペーンであるだけではなく、新聞の「二次販売」[4]を保障するための行動だと捉えられる。

三　生産の手段：積極的な借用

すでに内容分析で証明されたように、中国の新聞が中産階級のイメージを構築する際に、政府公文書や学術著書などを積極的に援用している。インタビューの中でも、新聞編集者は中産階級イメージの構築手段について語る時、学術著書や政府の公文書などを借用し、とりわけ社会学者の語りの重視を強調していた。

たとえば、編集者Hは「中産階級イメージは単に我々編集者の想像だけだと、成立しない。それは政府や専門家をはじめ、様々な語りによる共同作品だ」と話した。そして、編集者Xは「我々は社会学者を誘い、共に中産階級を構築している。社会学者は公共精神と専門知識を持つ人たちだ。彼らは中産階級に対して比較的専門的な評価を下すことができるし、また中国社会の今後に対して関心を払っている。だから、私たちの雑誌は彼らの合理性に富んだ声を借りて、中国社会を健康に導きたい」と述べ、同時に一種の使命感も表した。

このように、編集者が多様な関連テクストを積極的に借用することは、新聞に少なくとも三つの効果をもたらしたと考えられる。この三つの効果とは、①中産階級に対する諸見解を掲載することによって、中産階級に関する新聞の論調・主張を、読者にとって説得力のあるものにする「補強材料」としての効果。②新聞の論調・主張とは必ずしも合致しないが、中産階級に関する諸テクストを掲載することで、その記事・報道に対する読者の信頼性を高める「権威づけ」としての効果。③たとえ新聞の論調・主張とは必ずしもかかわりなくても、中産階級に関する諸表現を示すことで、読者に中産階級そのものをアピールする「読み物」としての効果がある。

前述のように、新聞は記事・報道の信頼性や社会的威信を増すために専門家の権威を利用しているように見える。一方、専門家も自己の主張や見解を新聞というメディアを通して、社会に広めたい、多くの読者と対面・対話のチャンスを求めたいという気持ちがある。たとえば、新聞に寄稿し、中産階級について語ったS教授は次のように感想を述べている。「研究者として、メディアを通じて自分の専門知識や考えを述べ、多くの方に理解してもらい、本当にうれしかった。……中産階級の問題について、編集者たちと私は関心を共有している。我々は共にこの社会を民主的に前進させたいと思っている」。ここでは中産階級イメージの構築過程においては、編集者と学者は相互利用の関係を結んでいることが窺える。

しかし、新聞は積極的に様々なテクストを借用していると言っても、盲目的に援用しているわけではない。編集者Zは次のように語った。「二〇〇二年に、我々は特集を出す際に、中国の中産階級が一体どのような経済能力と消費水準を持っているかについて、編集者の間で大いに議論した。その時、我々は中国社会科学院まで行き、尋ねた。社会科学院の専門家は年収三万から一〇万元があれば、中産階級に入れられると我々に言った。しかし、我々はあまり信じなかった。マイカー、マイホームを持ち、相当高い消費力を持たないと、中産階級と言えないのだと、我々は考えている」。このような、中産階級の定義上における編集者たちと階層階級研究者の意見のズレはまた、筆者が実施したインタビューにも見られる。編集者Hは「中国では、中産階級は単なるあるライフスタイルの概念だよ。なぜなら、この階層の社会意識と価値観はまだ固まっていないからだ」と語った。編集者Xも「階層という意味での中産階級はまだ定められていない」と同様の意見を述べ、さらに「中国の中産階級は単にメディア、企業、政治家によって作り出された便宜的概念だ」と話した。編集者Zはまた、「新聞が作り出した中産階級はただ一種の感覚にすぎず、具体的なデータに支えられてはいない。中産階級は我々の理想に色塗られたものだ」と指摘した。ここで、新聞編集者の中産階級に対する独特な理解が窺える。

その上、編集者Zは「メディアには資産階級の自由化の匂いが漂っているよ、と近年よく指摘される。これはメディアがすでに一つの独立した声を形成した証明だ、と我々は捉える。昔ではないから、資産階級かどうかは問題ではない。我々はただオピニオン・リーダーになりたいだけだ」と強調した。彼の話からは、メディアが中産階級に対する独特な理解を、そして、「主流だが、非政府筋・非学術筋の独自な中産階級のイメージ」（編集者X）を生産しようとしている姿勢が見える。まさに、このような理解と姿勢はイメージの構築行為に直接に影響を与えていると考えられよう。

しかし、編集者Xによる「我々の中産階級に関するメッセージは主流的なものだが、政府側や学術界のとは違う。私たちは中産階級に対する独自の判断を持っている。もちろん、独自といっても、政府に反対する声ではない。私たちはやはり『報紙出版管理規定』をはじめ、様々なルールや上級の要求をきちんと守っている」という語りからは、新聞編集者が政府筋や学術筋と異なる中産階級の語り口を意識的に作り出そうとしてはいるが、それは党・政府の管理体制の下に置かれたメディアのものであることもまた理解できよう。

四　生産の目的：中産階級の育成

インタビューの中で、ほとんどの編集者は新聞の影響力を借りて、モダンで、温和な中産階級を育成し、中国社会を民主化へ導こうとする意志を表明した。

たとえば、「実は、中国の中産階級の市場がまだ成熟していない。私たちはこの実情がよくわかっている。しかし、私たちは彼らの責任意識、政治態度、また生活態度の形成に働きかけたい。彼らを私たちが考える明るい方向へ導き、健康的に育成したい。彼らは育成するに値する人たちだから。中国の社会全体を前進させたい」(編集者X)。

「我々はメディアを通じて、中産階級に情報や観点、様々な指標と参照を与え、三つの方面から中国の中産階級に影響を与えたい。その三つの方面とは、①彼ら自身の階層の歴史を知らせる、②品位のあるライフスタイルと生活習慣を身につけさせる、③彼らの担う社会的な役割と責任を明確にする」(編集者H)

「私たちのメディアは中国社会の発展を促進するものなのだ。だから、私たちは責任と使命を強く感じている。私たちは積み重ねた努力を通じて、中国の社会にいる最も影響力のある階層——中産階級に影響を与えたい。彼らの考えをもっと広げ、彼らの行動をもっと文明的・モダンなものにしたい。そして、政治をもっと民主化したい。それによって、中国の漸進的変革を推進することができるだろう」(編集者P)

このように、編集者は中国の中産階級がまだ定められていない集団であることを認識しているが、この階層の影響力を信頼し、彼らに影響を与えることを通して、中国社会の全体に影響を与え、漸進的な社会改革を推進したい気持ちを強く持っている。ここでも、新聞編集者の職業上の使命感が窺えよう。

第二節　新興階層の力

メディアにとって、中産階級と呼ばれる新興階層の出現は、取り上げるに値する客観的な事実である。第二章の分析を通じて、中国の新聞メディアは中産階級と呼ばれる新興階層のイメージを積極的に構築し、中産階級に関連情報や社会的地位が確認できる「モノ」などを提供していることがわかる。ところが、読者の社会的地位や意識が、また新聞の機能を規定し、決定づけるという効果もある。これまで行った語り手の分析によれば、中産階級と呼ばれる新興階層は、けっして受動的・一方的に構築されたものではなく、むしろ彼らはこのイメージの構築過程における能動的な主体だとも考えられる。中産階級と呼ばれる新興階層は自身の存在や社会的地位を、また自分たちの要求も、メディアに反映させたい、そして社会に発信したいという意志を持っている。

以下、中産階級と呼ばれる新興階層の力、および新興階層とメディアの相互関係を考察する。

一　中産階級のメディアへの反映：現実と想像の間

新興階層の出現は経済成長期における中国の社会構造の中に現れた必然的かつ重要な変化である。現実を反映するメディアの機能によると、新興階層は一つの新しい社会現象として、メディアの領域に投影されるのが自然・当然な成り行きだと考えてもよかろう。ところが、中国のメディアが経済成長期において、かつて「消滅」させられた中産階級を改めて取り上げる際に、たとえ客観的な事実に基づいたメディアの構築行為だとしても、新興階層の出現がそもそも新たな現象であるため、メディアにとって利用できる資料が少ない。したがって、中国のメディアは時には自分自身の想像によって中産階級のイメージを意図的に作り上げるしかない。

その結果、中産階級のイメージには、一面的・ステレオタイプ的なものが多く見られる。たとえば、新聞メディアは中産階級の消費生活を強調している一方、中産階級の政治的態度については あまり触れていない。また中産階級の消費行為を女性というジェンダーと結びつけながら語る傾向が強い。

とはいえ、メディアの報道はある程度、社会で形成されつつある中産階級を反映している。つまり、ここで強調したいのは、現実社会における新興階層の存在は、中産階級のイメージが成り立つ前提であるということである。

二　中産階級がメディアを必要とする

今日の中国では、中産階級と呼ばれる新興階層はまだ形成段階にある。彼らの内部構成が複雑であるため、階層帰属意識の形成にはまだまだ時間がかかりそうである。ところが、彼らにはいくつか共通の利益があり、共通する興味や関心もあると考えられる。したがって、新興階層としての彼らは、経済の発展や社会制度の完備といった自身の利益とかかわる問題に注目するはずである。

グラムシの指摘によれば、新興階層は歴史の舞台に上がると、メディアに対して、自分の利益に基づく要望を「自発的」に求めるようになる（Gramsci 1971）。エドワード・P・トムスンはイギリス労働者階級の形成過程を考察し、『イングランド労働者階級の形成』（1963=2003）の中で、労働者階級が新聞・雑誌を利用し、自分たちの考え方を伝えたり、積極的な要求を訴えたりすることによって、労働者文化が構築され、それがイギリスの労働者階級形成に有効に働いたことを論じた。同時に、トムスンは産業革命の時期に、「新中産階級」の形成が労働者階級と同様の方法を使っていたことにも論及した。

韓国労働者の発展史を研究した具海根（Koo Hagen）は、韓国の労働者階級の形成における労働者新聞の重要性について述べた。彼は労働者新聞の発刊のフレーズについて次のように引用した。「政府は労働者を見下すようなメディアを支持しているので、労働者は社会問題について無知な状態に陥っている。我々労働者は自ら新聞を作り、これまで間違って反映された現実を破らなければならない」(2001)。ここで具海根が強調しようとしているのは、労働者階級の形成過程における、新聞・雑誌を利用するという明確かつ自発的な意志である。

確かに、明確な経済利益と政治利益を持つ労働者階級と比べて、中産階級と呼ばれる新興階層は比較的緩やかな社会階層であるため、労働者階級に関する論説をそのまま安易に使えないかもしれない。しかし、かつてミルズは『パワーエリート』の中で指摘したように、アメリカの中産階級はクレジットカードを何枚も集めたり、それが上流階層の好みだと勝手に想像し、中産階級向けの雑誌(『The New Yorker』)を定期講読することによって、自分たちの地位を確認したり、固めたりしようとしている(Mills 1956=1969)。また、序章で紹介したオーマンは一九世紀末から二〇世紀初めにかけての大衆文化の興隆過程に関する研究の中で、当時形成されつつあった管理職・専門職(「新中産階級」)と特定の雑誌の消費との関連について、次のように述べた。「『コスモポリタン』『レディース・ホーム・ジャーナル』その他の類似の雑誌の読者は、急速に変動している社会空間の中で、自分自身の位置を定めたいという要望を持っている。……この種の雑誌を消費することは、彼らの社会地位を構築するのに大いに役立つ。そして、これらの雑誌を消費することによって、彼らの社会的地位も示される。同時に、このような雑誌は彼らに専用の情報や趣味も提示できる。雑誌に提示された情報や趣味は、また同階層にいる他の人と話を交わす際に、話題を提供する働きを持っている。全国範囲で同じような考

えを持つ人たちは、このように文化的に組織されている」(Ohmann 1996: 220)
確かに今日の中国は、一九世紀末から二〇世紀初頭にかけてのアメリカと異なっているかもしれないが、同じく社会の変動期に置かれていることから考えると、経済の発展が人々の生活様式や考え方を変え、新興階層も自分たちの生活に近い情報を、新聞に望むようになり、自分自身の新しい身分と社会的地位に対する確認や期待を有すると想定できる。そのため、当時のアメリカの中産階級と類似すると推論できよう。
以上、本節は今日の中国という時代背景における新興階層の出現、中産階級と呼ばれる新興階層とメディアの相互利用関係について述べてきた。新興階層が中産階級のメディア・イメージを通じて、自己構築しようとする意志があることを指摘した。

第三節　政府・政党・政治家の力

第一節で説明したように、中国の党・政府の管理体制から考えれば、中国のメディアは党・政府の影響から脱出できない。二〇〇〇年以降、中国の党・政府は社会移動に直面し、他国の経験に基づき、中産階級の経済的・政治的なメリットを意識した後、社会に出現した新興階層を中産階級として認可し、彼らの社会的地位を肯定し、彼らを育成しようとする合図を明確に出した。また旧来のタブーを乗り越え、新興階層を認可し、彼らの入党を認め、「中等収入者の比重を拡大しよう」としている。こうした党・政府の意図をはっきりと掴んだ中国のメディアは、中産階級のイメージを全面的に構築しはじめた。ゆえに、メディアは客観的な世界を反映しているとは言っても、そこに作用する政府・政党の力を見逃すことはできない。

第二章で行われた中産階級の定義とその方法に関する分析や「間テクスト」分析、語り手の分析からも、中国の新聞メディアが中産階級を構築するに際して政府・政党や、政治家の働きは決定的であることが再確認できる。中国のメディアと党・政府の関係については、第一節で論じたため、ここで重複する論議は繰り返さない。以下、主に政治家とメディアの相互作用について論じる。

第二章の分析によれば、中国の新聞メディアは中産階級というテーマの下で、学者と政治家との対談や、政治家同士の中産階級に関する討論を常に掲載している。そこで、政府官僚、政治家は多くの場合、メディアに向かって中産階級の将来性に対して積極的な態度を表明しており、党・政府の中産階級に関する諸政策についての意図を上意下達している。

日本の政治学者・丸山眞男は、新聞は国民全体よりも政界に奉仕する存在だと指摘したことがある（丸山 1964）。実際、メディアにとって、政治家や官僚は情報源である。人員や予算といった取材の資源が限られる場合、メディアにとっては、党・政府の公文書や記者会見などを経由した文言は、貴重な情報となる。また、メディアは社会的に影響力のある政治家や官僚も必要とする。政治家や官僚の影響力は政策過程に直接に参加できる権限と社会的地位に由来しており、政治家や官僚は政策過程の参加にかかわる専門的な能力と情報も所有している。そこで、メディアは政治家や官僚を情報源として、政治的情報を提供することで、メディアの影響力を拡大するのである。他方、政治家や官僚も常にメディアを意識しながら行動している。メディアがどのように取り上げ、伝えていくかで、現実に政治が動いていくからである。

第二章の分析によれば、一部の政治家はメディアを通じて、中産階級を育成・拡大するという政治的メッセージを伝えている。今日の中国では、中産階級に関する政策的意見は、党・政府の公文書から窺い知ることができるが、政治家や官僚は中産階級に関連する政策を人々に知らせたり、説明したりする責任も負っている。また、メディアでの政治家や官僚の出現頻度が高まるのは、たとえ彼らの登場がメディアに求められていなくても、彼らがメディアに登場すると、自らの影響力の拡大に益することにつながると考えられる。

さらに、重要な政府政策になればなるほど、多くの人が政策決定と実行に関わってくる。政府政策の実施にとって、多くの社会的集団（たとえば、生まれたばかりの新興集団——中産階級も含まれる）を調和させることが肝要である。その際、世論の支持も必要となる。その世論の支持を形成するために、メディアが重要な役割を果たしていることは言うまでもない。

そのほか、政府・政党・政治家が中産階級のメディア・イメージの構築に参加したのは、また中国の伝統心理によるものだとも考えられる。中国では封建時代から民衆が官尊民卑の心情を抱いてきており、権力への服従心があると見られる。そこで、メディアは中産階級に関する議論に政治家を登場させることによって、官と民の間を橋渡しする機能を自ら果たしているとも考えられよう。

以上、本節では、中産階級のメディア・イメージから見た政治家とメディアの相互作用について論じた。ここで論点をまとめると、次のようになる。メディアにとって、政治家は情報源である。メディアは政治家を通じて、その権力の行使を可能とする。他方、政治家も多くの社会的集団を統率し、政策決定の際に政策への関心を呼び、世論の支持を得るために、常にメディアを意識的に利用している。さらに、中国には官尊民卑という文化的伝統が残っている。ゆえに、中産階級のメディア・イメージの構築に政治家は積極的に参加し、メディアはまた官と民の間を仲介し、中産階級に関する政府の意見や諸政策を政府の意図のまま上意下達しているのである。

第四節　知識人という力

中国のメディアが中産階級のイメージを構築する際に、知識人の働きを見逃してはいけない。第二章の分析結果によれば、中産階級のメディア・イメージの構築にかかわった中国の知識人は枚挙にいとまがないほど存在している。

確かにメディアは重大な論議を行う際に、常に知識人に意見を求める。知識人はメディアの寵児と言って過言ではない。もちろん、新聞やラジオ、テレビといったメディアが、その紙面や番組に知識人を登場させ、メディアと知識人が様々な形で相互に利用しあうあり方は、今日の中国ないし中産階級の場合に特有のものではない。

その意味では、本節でこれから論じていく知識人の力は、中産階級のメディア・イメージを構築する際の知識人とメディアの関係についての試論にすぎない。しかし、後述するように、今日の中国がメディア・知識人・中産階級という三者に関連して持っている特別の事情から、本節での検討によって、従来のメディア論と知識人論にない新たな視角が提供でき、また三者の一般性を浮かび上がらせることができるかもしれない。

結論を先取りして述べると、今日の中国の知識人は、国家の政治・経済・文化・社会生活といった諸領域に対して、評価や批判ないし反省を行うと同時に、意見も提供し、商業的色彩を帯びたメディアと積極的な協力関係を結んでいる。

中産階級のメディア・イメージ構築への知識人の積極的な参与は、知識人の変化しつつある社会環境に対する判断に基づいた行為である。また、意見の伝達者としての知識人に対する自然な需要によるものでもある。さらに、メディアの受け手である新聞の読者層の中にいる新興階層の要望に応じるものだとも考えられる。なぜなら、中産階級と呼ばれる新興階層はその社会的地位から見ると、発信側にいる知識人と一致しており、また文化的素養を持っているので、知識人と問題関心や価値観を共有し、知識人と対話する能力があるからである。したがって、読者層としての新興階層の要望を満たすために、メディアにとっても、知識人が必要となる。こうした状況の下で、知識人が中産階級のメディア・イメージの構築過程に積極的に参与するのは不思議ではない。

以下、知識人の定義を整理し、知識人とメディアの「共生」関係や、知識人と中産階級と呼ばれる新興階層の「共生」関係について論じていく。

一　知識人の定義

サイードの知識人像とは、「公衆に向けて、あるいは公衆になりかわって、メッセージなり、思想なり、姿勢なり、哲学なり、意見なりを、表象—代弁して肉付けし、明晰に言語化できる能力に恵まれた個人」である（Said 1994=1998: 37）。

近年、中国では、「公共知識分子（Public Intellectuals）」という概念が流行し、よく使われている。この概念が中国社会に導入されたのは二〇〇四年九月八日であった。その日に、雑誌「南方人物」は特集「中国で影響力のある知識人五〇人」[5]を発表し、中国社会で大きな反響を呼んだ。現在、中国社会では、「公共知識分子」の統一した定義はまだ存在していないが、馬立誠と朱蘇力の定義が代表的なものであろう。

馬立誠の定義によると、「公共知識分子は社会の民主・自由・平等・公正といった主要な価値観を維持している人々である。彼らは世論を通じて、社会を導き、社会の進歩と社会問題の解決を推進している人々でもある」[6]。また、朱蘇力は「公共知識分子は自分の専門領域を越えて、メディアと論壇で一般民衆の関心ある問題に対して、自分の分析や評論を常に発表する知識人であるか、あるいは、自分の専門知識が社会全般に注目される問題になった時に、自ら専門知識を大衆化し、社会の関心をさらに呼ぼうとする知識人である」と定義している（朱苏力 2004）。そして、雑誌「南方人物」の特集によると、「公共知識分子は学術バックグラウンドと専門知識を持つ知識人である。彼らは社会の平等を促進する人たちである。彼らはまた批判精神と道徳正義感を持つ理想主義者でもある」。

中国においては、これまでの各学者の観点を総合してみると、「公共知識分子」とは、主に以下のような特徴を持つことがわかる。まず、「公共知識分子」は比較的高い学問ないし専門的な知識を持っている。これは「公共知識分子」になる前提である。そして、良好な知識的蓄積を持つ彼らは、また率直な批判精神を持っている。これは「公共知識分子」になる不可欠な条件である。さらに、彼らは社会問題について、メディアを通じて、公衆に向けて発言し、それには行動も伴う。彼らの発言や行動は一定の範囲で注目を浴びるようになる。それが「公共知識分子」の指標の一つである。さらに「公共知識分子」は常に公衆のために考える。言い換えれば、彼らは自分たち知識人個人の利益から出発するのではなく、公共の立場と公共の利益から物事を考える。これも「公共知識分子」の一つの重要な指標である。

本節では、以上を参照した上で、次のような簡明な定義を与えることにする。すなわち、知識人とは高等教育の学歴を有し、知識や技術を必要とする専門領域で仕事をしており、優れた学術的研究業績を持ち、学術界において高い評価を得た上、自分が持つ専門知識から出発して、公的な問題に積極的にかかわり、多くの人々にとって意味のある見解や表現を表明する言語能力を持つ人物なのである。

二　知識人とメディアの「共生関係」

中産階級のメディア・イメージの構築において、知識人とメディアの関係はどのようなものか。

近代以降、二度にわたって、中国の知識人が大規模に歴史舞台に上ったことがある。一度目は一九世紀末から二〇世紀の初めにかけての頃、特に一八九五年の日清戦争終戦後の二〇年から三〇年の間である。当時、中国の知識人は近代的新聞、近代的学校および教会などを拠点に、一般の中国人に向かって、近代的な知識を広げることを目標として掲げながら、国家の政治に現れた各種の重要な問題をめぐって議論を交わしていた。[7] 二度目は一九八〇年代で、中国の知識人が最も活躍していた時期である。一九四九年以降の様々な抑圧から解放され、特に「文化大革命」の「悪夢」を経験した知識人は、この時期に入って空前の熱情を持ち、一九七〇年代末から一九八〇年代初頭にかけての「思想解放運動」、そして一九八〇年代半ば以降の「新啓蒙運動」を引き起こした。この時期、社会全体に名を広げ、多くの大衆のファンを持った知識人が現れた。これらの知識人は大学で講演したり、新聞・雑誌に文章を発表したり、著書を出版したりしていた。彼らの著書はほとんどその時代のベストセラーになった。思想のリーダーとしての彼らはメディアを通じて、中国数千万の大衆に向け、一九八〇年代の華やかな「公共文化」を作り出し、また一つの「公共の文化空間」を築き上げた。

ところが、一九八九年を境に、中国内外の政治情勢の影響を受け、政府は知識人に対して鎮圧と懐柔策を採るようになった。中国の知識人はそれに屈伏し、妥協した結果、「公共の場」から姿を消し、各自の専門分野に戻った。しかし、一九九〇年代の半ば以降、とりわけ、二〇〇一年から始まった全世界的な資本主義システムの仲間入りを果たした中国では、知識人が再び公共の場に現れ、メディアと一種の「共生」関係を築き、ジャーナリストとして、トークショーのゲストや司会者として、また顧問や管理者として、社会問題に対して自分なりの見方を伝えるようになった。

以下、今日の中国における知識人とメディアとの「共生」関係に関して、知識人とメディアという二つの角度から論じてみたい。

1．知識人はメディアを必要とする

北京大学の陳平原教授は「なぜ近年知識人はメディアを選ぶようになったのか」について次のように述べている。「今日中国の政治文化環境は人文学者がメディアを通して、社会に発言できる機会を与えた。……深みのある文化評論などは一般の記者が書けるものではない。一方、メディアの社会的影響力も学術的な著書より大きい。したがって、専門知識が社会で共有できることを使命とする人文学者から見ると、メディアを利用することが、最高の選択である」（陶东风編 2004: 178）。つまり、陳平原教授によって指摘されたのは、知識人がメディアの「効果的な意志伝達機能」を利用して、自己の主張や見解を、メディアを通して、社会に広めようとする意図である。

今日の中国では、知識人がメディアを必要とするのに、また次のような要因も考えられる。市場経済の下で、科学技術産業を発展させるために、政府や企業は情報科学技術系研究者のアドバイスを求めるようになった。そこで、情報科学技術系研究者が重視されてきたことと対照的に、人文社会系研究者は「周縁化」されてきたように見える。このことは思想的リーダー、社会正義の代表として位置づけられてきた人文社会系研究者にとって、受け入れがたいことである。したがって、人文社会系研究者はメディアを通して自分たちの弱まった影響力を取り戻そうとしている。

2. メディアも知識人が必要である

今日の中国では、知識人（特に人文社会系研究者）は積極的にメディアを必要とすると同時に、メディアも知識人を必要とした。知識人を利用するメディアにとって重要なのは、その知識人がまず、多くの人々に受け入れられるような見解を、人々に理解される言葉で表現できるかどうか、である。このことはメディアが知識人を登場させる場合、その人物に求める最低限の条件であると言われている（大井 2004: 3）。この条件からすれば、人文社会系研究者はメディアにとって望ましい存在である。つまり、彼らは表現力があり、専門分野で画期的な業績を上げた人物であれば、多くの受け手にとって意味のある、魅力的なコンテンツとなり、メディアにとってその知識人を取り上げるメリットがある。

大井によれば、一般に、知識人を利用することは、メディアに以下の五つの効果をもたらす。つまり、①知識人の見解を掲載することによって、当該テーマについてのメディアの論調・主張を、読者にとって説得力あるものにする「補強材料」としての効果。②メディアの論調・主張とは必ずしも合致しないが、当該テーマに詳しい知識人の見解を掲載することで、その記事に対する読者の信頼性を高める「権威づけ」としての効果。③メディアの論調・主張とは必ずしもかかわりなく、その知識人の見識や表現自体が読者にアピールする「読み物」としての効果。④メディアの論調とかかわりなく、通常、メディアに登場することがまれな知識人の場合、その人物の表現・行動を掲載すること自体が読者にアピールする「特ダネ」としての効果。⑤あるテーマについて、その知識人の持つ見解を掲載することによって、メディアの取るべき論調・主張の方向性を決定したり、そのための参考としたり、あるいはまた、自己確認したりする効果。⑤の場合、受け手に対しては、それが受け手の多くが持つ（とメディアが考える）見解と一致するかどうかを探ったり、受け手の見解を誘導したりするのに使われる（*Ibid.* 2004: 4, 48）。

第二章の分析によると、中産階級のイメージの構築過程では、メディアが利用する知識人の見解や表現はメディア自身の論調や主張と一致する。また、現段階は中国メディアの変革期でもある。メディアの発展と変革は、知識人の再登場を促す客観的な条件を用意したと言える。そして、今日の中国においては、社会には様々な変化が起きている。その諸変化に対して、メディアの関係者は、時に複雑な問題をどう分析したらよいかわからなくなる可能性がある。そこで、メディアは専門知識を有する知識人に、より権威のある、深い分析を求めるようになる。さらに、商業化されたメディアは、他のメディアと競争しなければならない状況に置かれている。メディアにとって、知識人から得た独特な見解や深い分析は、受け手を惹き付けるポイントになるし、メディア同士の競争に勝つ保障でもある。そこで、メディアは知識人の見解を掲載することによって、受け手にとって説得力のある「補強材料」を手にすると同時に、受け手の信頼性を高める「権威づけ」となる。

その上、学者はメディアによって、中産階級に関する知識を社会に広めることができる。メディアは知識人に発言の場を提供し、知識人は自分の専門知識から中産階級について説明したり解釈したりするだけでなく、中産階級とかかわる政府・政党の政策に対する主張や見解を、メディアを通じて社会に広く伝えることができる。メディアとしても、知識人の中産階級に関する発言を借りて、受け手の注目を引き付け、同じ話題を扱う他のメディアとの競争の中で優位に立つことができる。他方、分析結果から見れば、中国の知識人は単にメディアの取材対象だけではなく、自らも積極的に新聞の中産階級の話題に参与し、新聞に寄稿している。彼らはメディアの価値をよく知り、また実際にメディアの価値を利用もする人たちである。

以上からわかるように、メディアと知識人は相互依存の関係がある。知識人とメディアが相互に必要としあい、相互に利用しあう中で、中産階級のメディア・イメージの構築において知識人は頻繁に姿を現すようになったのである。

三　知識人と中産階級の「共生」

繰り返しになるが、今日の中国メディアはよく知識人の「声」を借り、中産階級のイメージを構築している。知識人もメディア上の活動に積極的に参与している。メディアが中産階級のイメージを構築するには、知識人の働きが不可欠である。ここでさらに深く、知識人と中産階級の関係について検討してみたい。

1．受け手に対する知識人の要望

前述したように、知識人にはメディアを通して自分の主張や見解を社会に広めたいという意欲がある。メディアに登場し、中産階級をめぐる議論に参加する知識人は、自分たちが持っている中産階級に関する知識や見解を社会に知ってもらいたいという考えがあると想定できよう。量的集計の結果によると、メディアに登場し、中産階級について語る多くの知識人は中産階級のメリット（たとえば、社会の「安全弁」や「緩衝帯」などの役割）を強調し、中産階級をさらに拡大させ、社会全体を健全に発展させようと呼びかけている。そこには、知識人の中産階級に対する期待が窺える。

政治家、大衆作家、政治的に活躍している映画スターあるいは普通の新聞記者が対象としている受け手と比べて、知識人は教育レベルがより高い層に注目する傾向があると、R・A・ポズナーは指摘している（Posner 2001）。このような傾向は知識人の伝達内容によるものだと考えられよう。すなわち、知識人は専門知識に基づいて、社会問題に注目しているので、一定の教育レベルがあり、彼らと共通の問題意識を持ち、彼らと交流・対話ができるような人々を必要とする。今日の中国においては、形成されつつある中産階級と呼ばれる新興階層は高学歴で、まさに知識人にとって理想的な受け手だと言える。

前述のように、中産階級と呼ばれる新興階層は高学歴で、ある程度の文化教養を持つ人々である。彼らは社会転換期の受益者であるため、自らの利益を守る立場から、社会に起こっている政治・経済・文化上の変化に対して関心を持っているはずである。様々な社会的問題が彼ら自身の利益に直接かかわっているため、彼らは社会問題に注目し、ゆえに知識人と共通した問題意識があると考えられる。かつてサイードは次のように述べていた。「知識人が抱く希望とは、自分の世界に影響を及ぼしたいという希望ではなく、いつの日か、どこかで、誰かが、自分の書いたものを自分で書いたとおりに正確に読んでくれるだろうという希望なのである」（Said 1994=1998: 93）。したがって、中国の知識人は意識的に、あるいは無意識的に、中産階級を理想的な受け手と考え、彼らの考えを中産階級に伝えようとしている。その意欲は十分理解できるのではないだろうか。

2．中産階級の一員としての知識人

以上はメッセージの発信者である知識人と中産階級という受信者の相互関係から論じたものである。私的な世界と公的な世界は、きわめて複雑な形で混ざりあっている。職業から見れば、知識人とは肉体労働ではない職務に携わる者であり、階層階級研究では、知識人は中産階級に属している。したがって、知識人が中産階級のメディア・イメージの構築に参入する行為は、自分自身を構築するという意味合いも含まれている。

A・W・グールドナーは、かつて文化資本を持つ科学技術系知識人と人文社会系知識人を、世界の社会経済秩序の中に現れた「文化の資本家」と見なした。そして、彼によれば、この「文化の資本家」のほとんどは中産階級の主体を成しているのである（Gouldner 1979）。

階層階級研究で定められた中国の中産階級の構成を見ると、科学技術系知識人と人文社会系知識人は確かに中産階級の範疇に入っている（第一章を参照）。したがって、中国のメディアに登場する知識人は、実は中産階級の中で、個人の専門知識が認められ、社会問題に対して積極的に自分の意見を表明する一部エリートである。

このように、メディアを通じて意見を表明する知識人は実際に、自分自身の所属階層の意見を「代弁」する役割を果たしているとも考えられる。上述のように知識人は中産階級と共通の価値観と問題意識を持っているため、知識人の発言は中産階級を代表する発言だと見なされてもよいからである。もちろん、ここで知識人の内部の多様性と複雑性を否認するつもりはない。

第五節　グローバリゼーションの力

今日、物事を考える際に、グローバリゼーションはすでに触れないわけにはいかない背景になっている。グローバリゼーションの実質とは資本主義の市場経済システムの拡張である。このシステムの拡張は主に相互関連している三つの力によって推進されてきた。その三つの力とは、①政治的な力、つまり、資産・利益の要求がグローバルに広がってきていること、②経済的な力、すなわち、多国籍企業が主要な組織手段になってきていること、③文化的な力、いわゆる消費主義が主導的な意識形態になってきていることである。グローバリゼーションの波に乗った今日の中国は、言うまでもなくこのグローバリゼーションによる政治、経済、文化的な力から影響を受けている。

中産階級のイメージの登場は、中国の近代化・現代化のプロセスの中で自然に生じた現象というだけではなく、グローバリゼーションという外部からの推進力がもたらした結果だとも考えられる。つまり、中国の中産階級の誕生およびその形成には、グローバリゼーションは不可欠な役割を果たしているのである。もし、中産階級の誕生、政府・政党の中産階級に対する認可、知識人の働き、メディアの客観的な反映と主観的な構築が、中産階級のメディア・イメージの形成に働きかける内在的な原動力だとすれば、グローバリゼーションは中産階級のメディア・イメージの形成に作用する外部からの推進力だと言えよう。

本節では、グローバリゼーションの中産階級メディア・イメージの形成への働きかけについて、次のような三点を挙げ、検討していきたい。①多国籍企業は中国中産階級の「雛形」であるホワイトカラーを実際に作り出した。これらのホワイトカラーは中国のメディアに登場し、中産階級イメージの「原型」になっている。②消費文化がグローバルに広がり、「消費者」としての中産階級が生み出されると同時に、中産階級が特定の消費記号と結びつき、彼らの身分が確認できるようなイメージのパターンが形成されてきた。③メディア商品のグローバルな流通が、先進国の中産階級の生活様式や文化的な特徴を中国人に伝え、中産階級のイメージに参考となるモデルを提供した。また、欧米のメディアは直接中国メディアに働きかけて、中産階級のイメージの構築に協力している。

一　多国籍企業の中国への進出

中国中産階級の誕生は二つの道を歩んできた。一つはローカルの道である。すなわち、中国国内の産業革命と市場化によるものである。もう一つはグローバルの道である。つまり、多国籍企業の中国への進出に基づいたものである。

一九九〇年代、中国に上陸した多国籍企業は管理職と専門職に従事する中国人を雇用し、彼らを育成してきた。これらの中国人は改革開放以降、中国社会に現れた最初の現代的意味を持つホワイトカラー階層である。これら外資系企業に勤めている中国のホワイトカラーは、メディアにおける中産階級イメージの源である。

これらの外資系企業に勤務している中国のホワイトカラーはまた、多国籍企業のグローバルな拡張による産物である。多国籍企業は中国にホワイトカラーという職業を生み出しただけではなく、文化、価値観と生活様式の面でも、ホワイトカラーになった中国人に影響を与えている。さらに、彼らを欧米のホワイトカラーのように育てようともしている。たとえば、多国籍企業はホワイトカラーになった中国人に個人の業績によって昇進可能であることや、他人よりいい収入をもらったら、物質的に消費することなど、また仕事と個人の生活を分離し、休暇を上手に享受することまで「教え」ている。メディアもまた欧米のホワイトカラーのイメージを伝え、多国籍企業からの「教え」を中国社会全般に広げている。そのほか、多国籍企業に勤めている中国のホワイトカラーたちは、また同企業にいる外国のホワイトカラーを間近に観察することもできる。彼らの体験や観察などがメディアで取り上げられ、メディアは自ら中国で暮らしている外国のホワイトカラーに接近したり、外国のメディア・テクストを借りたりして、中国の中産階級であるホワイトカラーのイメージを構築している。

すなわち、多国籍企業のグローバルな拡張は中国の現代的意味の中産階級を生み出した。多国籍企業で働いている中国のホワイトカラーのことはメディアによって最初に伝えられた。また彼らは作り出された中産階級イメージの源である。これらのイメージはまた、今日の中産階級イメージの基調にもなっている。

二　グローバルな規模の消費文化の登場

グローバル化の進展につれ、情報・商品が世界的に流通し、消費文化が広い範囲で浸透してきた。同時に、メディア産業が肥大化・多国籍化し、消費力のある中産階級が現れ、人々の意識も変化してきた。ある程度、経済発展を果たした資本主義社会にはこうした共通の体験が見られる。

消費文化は欧米文化の中で、支配的な地位を占めている。消費文化は欧米の先進的な科学技術、先進的な商業および生活様式の代表として、グローバリゼーションによって世界的に広がってきた。グローバリゼーションの下で、世界の隅にいても、欧米の消費文化の匂いを感じることができ、その影響を必ず受ける。消費文化の世界的な蔓延は、資本主義成熟後の世界規模での市場開発と利潤追求の欲望の下で起こった現象であり、その中心は人々の消費欲望である（罗钢・王中忱 2002）。

M・フェザーストンによると、資本主義的な生産が拡大され、とりわけ、科学的な管理方式とフォーディズムが世界的に受け入れられてから、新しい市場を開拓すると同時に、様々なメディアを通じて、大衆を消費者に育てることはきわめて重要になってくる（Featherstone 1990=2003）。

したがって、企業は利益を増大させ、新しい市場を開発・拡大するために、消費財を買い込もうとする人々を増加させ、消費ブームを起こすことが必要となる。消費ブームが長く続くためには、実際の生存のための需要を満足させる消費ではなく、絶えず求められ、作り出され、刺激されてきた欲望に対する消費、すなわち、消費財の「使用価値」ではなく、記号としての「象徴価値」を消費させることが必要となる。こうした消費ができるような人々を育てるために、企業はL・スクレアーの言う「消費主義という文化的イデオロギー」をまず確立しなければならない（Sklair 1995）。この種の「文化的イデオロギー」はまた新しい情報技術の発展によって可能になり、メディアなどの実践によって一般化される。そこで、一定の経済力を持つ中産階級と呼ばれる人々はメディアや企業にとって、理想的なターゲットとなるため、企業とメディアは消費財を通じて、中産階級を惹きつけようとするのである。

三　メディア商品のグローバル的な流通

グローバリゼーションの文化的な表現は、消費主義がリードしている意識形態の広がりである。その表面には、メディアという商品の世界的範囲での流通が見られる。グローバリゼーションに対する最も簡単な定義は「モノ、人とシンボルの越境交通」である。

国境を越えて流通してきたメディア商品は、大衆文化と日常生活の面から、欧米の中産階級の生活様式や趣味の追求などを世界に伝えている。欧米のメディア商品とともに中国に上陸したのは、欧米社会にある中産階級に関する様々な情報である。欧米の先進諸国は社会総人口の大多数を占める中産階級を持っている。したがって、欧米のメディアの内容は主に「中産階級向け」のものと考えられよう。長年、欧米の広告や映画、そしてテレビドラマは、中国人に欧米の中産階級の生活様式を伝えながら、今日、急速に上に向かって移動している中国人に憧れの対象を与えてきた。

もちろん、欧米のメディア商品の広がりは中国人に中産階級の参照可能なイメージを提供しているだけではない。最も重要なのは欧米のメディアが版権契約を通して、中国の中産階級イメージの構築過程に直接に介入することである。

また、第二章で検討してきた通り、中国の雑誌社と契約した中産階級のメディア・イメージを作り上げるには、実際には、外国のテクストが不可欠であった。このように、グローバリゼーションの下で、多くの国から流通してきた中産階級のメディア・イメージは、実際にはトランスナショナルなイメージだとも言えよう。

【注】

1 報道方針と報道の内容に対する党の管理は、主に中央宣伝部、国家新聞出版総署、国家広播電影電視総局や各地方の党組織の宣伝部を通じて行われている。そのうち、中央宣伝部は共産党の基本政策の宣伝・報道・出版の指導・監督・イデオロギー教育などを行う党中央機関である。新聞メディアに対しては、政治的に敏感なニュース報道を統一的に規制するほか、経営・編集トップの人事にも大きな影響力を有する。

2 『中国新聞工作者職業道徳準則』について：http://baike.baidu.com/link?url=uBKid1syd28QMWREy_D9lntfyQybOdeTACOWa9d9gK1ztJKK0KElEM7xBdzWxItLZ3Hqx5d24P66saRa_tkHK 二〇一七年一月一八日 17:21 にアクセスした。

3 『報紙出版管理規定』について：http://baike.baidu.com/item/%E6%8A%A5%E7%BA%B8%E5%87%BA%E7%89%88%E7%AE%A1%E7%90%86%E8%A7%84%E5%AE%9A/8751276?fr=aladdin 二〇一七年一月一八日 17:30 にアクセスした。

4 「二次販売」とはメディア運営上の基本的な規律の一つである。一次販売とはメディアの商品を読者に販売することを指す。二次販売は読者を広告の依頼者側に販売するという意味を持つ。

5 中国語の原文：「影响中国的公共知识分子五〇人」。

6 杜光、〝驳：吉方平〈析〝公共知识分子〟论〉〟：http://www.aisixiang.com/data/6201.html。二〇一七年一

月二〇日 20:22 にアクセスした。

7　維新運動（一八九八年）から辛亥革命（一九一一年）を経て、そして、五四運動（一九一九年）までの重要な歴史的時代に最も現代的意味での知識人が現れた。たとえば、当時の代表的な人物としては、康有為、梁啓超、胡適、陳独秀、李大釗、魯迅などが挙げられる。

第四章

中産階級のメディア・イメージの受容

中国の中産階級イメージは中国の消費者（受け手）にいかに受容され、消費されているのか。この問いに答えるために、50人の中国人消費者にインタビューを行い、中国の「能動的受け手」による中産階級に対する「多様な解釈」を解明する。同時に、中国の中産階級と類似した人口統計上の特徴を持つ微博《ウェイボー》のユーザーの言説を分析し、新聞、雑誌、テレビなどが作り出した中産階級のイメージに対する評価や、自分自身の階層的地位に対する認知などを考察する。さらに、参与観察を通じて、中産階級を自認するようになった受け手が日常生活の中で、いかにメディアが作り出す中産階級のイメージから影響を受けて消費活動を行うか、さらに消費活動を通じて、中産階級という社会的身分を再生産していくかという動態的なプロセスを明らかにする。

本章では中国の「能動的な受け手」による中産階級に対する「多様な読み」の一断面を描き出してみる。

第一節　理論的視座と調査方法

中国人が中産階級のメディア・イメージをいかに認知し、評価し、受け止めるかといった問題を検討するには、カルチュラル・スタディーズ（以下ＣＳ）のオーディエンス研究を参照した。特に、Ｓ・ホールが提起した「エンコーディング／デコーディング」モデル、[1] Ｉ・アングが用いた「実際のオーディエンスの視点」（Ang 1991:160）と「アイデンティティ構築の視点」（Ang 1985）、およびＤ・モーレーが取り組んだ「オーディエンス・エスノグラフィー」（Morley 1980;1986）という三つの視座を主に参照した。

一　Ｓ・ホールの「エンコーディング／デコーディング」モデル

本章の参照点となっている理論は、ホールが一九七三年に発表した「テレビの言説におけるエンコーディングとデコーディング」である。この論文の前半部分でホールは、「無力な受動的な受け手」および「透明な伝送パイプとしてメディア」を捉えるメディア観を批判した。その上で、「エンコーディングとデコーディング」のモデルを提示した。このモデルに基づき、ホールは「読みの多様性」を証明するとともに、「能動的なオーディエンス」という主体像を創出した。

続いて、ホールはオーディエンスの位置を、①「支配的な位置」（送り手の〈意図〉と受け手の〈読み〉がほぼ一致する）、②「交渉的な位置」（送り手の〈意図〉や期待された〈読み〉を大枠で認めつつも、受け手が独自の〈読み〉を部分的に試みる）、③「対抗的な位置」（送り手の〈意図〉や〈読み〉に対立する、受け手独自の〈読み〉を実践する）の三つに分類した。

本章はまさにホールのこのモデルから示唆を得て、中産階級のメディア・イメージに対して多様な中国の消費者（受け手）が行っているそれぞれの「読み」に焦点を当て、中産階級のメディア・イメージがどう見られ、どのような中国の消費者（受け手）が「交渉的」あるいは「対抗的」にテクスト（メッセージやイメージ）を読んでいるのかを実証的に研究していき、諸力のコンフリクトの場として中産階級のメディア・イメージを捉え、それをめぐる力学を解明することを目指している。

二　Ｉ・アングの「実際のオーディエンスの視点」と「アイデンティティ構築の視点」

アングはテレビという制度の内部で行われてきた、いわゆる「受け手調査」の実践を批判的に検討しながら、そこでオーディエンスを「抽象的なカテゴリー」（あるいは「分類学的な集合」）であるところの、「受動的な存在」として一括して想定することに異議を唱え、個々のオーディエンスの多様性と能動性を「実際のオーディエンスの視点から」(Ang 1991:160) 論じる必要性を指摘した。この視点は、中産階級のメディア・イメージの受容を中国の消費者（受け手）の日常生活の位相において分析することを目指す本章も共有するものである。

また、アングがアメリカのテレビドラマ『ダラス』と、そのオランダの視聴者を対象とした研究（Ang 1985）で論じたのは、女性たちが実生活で経験する不安定なアイデンティティ状況がデコーディング資源として作品解釈に動員され、フィクションであるはずのテレビ・テクストに一定のリアリティが見出されるというメカニズムであった。アングは後の論考で、フィクション的なメディア・テクストの受容実践の経験が女性のアイデンティティ構築という問題と密接に関わることについても論じた（Ang 1996: 94）。アングが示したこの「アイデンティティ構築の視点」に本章が注目するのは、オーディエンスが照準したメディアのテクストに見出されるリアリティを、自らの階層的アイデンティティ（階層意識）構築の契機としてゆくメディアの受容経験の捉え方が示唆されているからである。

三　D・モーレーの「オーディエンス・エスノグラフィー」

「実際のオーディエンスの視点」から、ミクロな場面で中国の消費者（受け手）のプライベートな受容実践の記述分析を目指す本章がその他に方法論的に参照するのは、モーレーの「オーディエンス・エスノグラフィー」である。モーレーはテクストが内包しているヘゲモニックな言説編制から自律した「読み」を実践し得るオーディエンス像を提示し（Morley 1980）、家庭空間においてジェンダー化された権力構造がテレビ視聴のスタイルに影響を及ぼす過程を解明した（Morley 1986）。社会的文脈に根ざしたモーレーのメディア研究、特に「オーディエンス・エスノグラフィー」という方法論は本章がホールの「エンコーディング／デコーディング」モデルを実証し、また現実の社会の中において中国の消費者（受け手）が中産階級のメディア・イメージといかに向き合い、中産階級のメディア・イメージをいかに考え、解釈し、いかに中産階級のメディア・イメージについて語り合うのかといった問題の解決において参照すべき重要性を有している。

四　調査方法

以上の視座を設定した上で、日常生活における中国の消費者（受け手）を研究対象にする本章では、主に質的インタビュー（Qualitative Interviewing）と参与観察（participant observation）を採用し、二〇〇七年一〇月から二〇一五年七月まで、定期的に性別、年齢（一八～七六歳）、職業が異なる合計五〇人のテレビ視聴者に対するフリーインタビューを行い[2]、また実際に被調査者の消費行動を観察した。いずれの被調査者も筆者と直接の面識はなく、知人の紹介を通じて抽出したものである。この調査の狙いは、中国の消費者（受け手）の性別や年齢、職業などの生活条件と、そこから生み出される生活経験の諸差異が認められる中で、中産階級のメディア・イメージの受容における同一性と差異性を発見していくことである。

ただし、この五〇人の被調査者に中国の消費者（受け手）の全体を代表させることを筆者は意図していない。それはあくまで筆者の調査で獲得された視点から描き出される、一つの受容の様態にすぎないことを付言しておきたい。

なお、インタビューの進め方としては、被調査者にまずいくつかの話の糸口（たとえば、中産階級に対する印象、自分自身の階層意識、メディアの利用、中産階級のイメージに対する認知、メディアの影響など）を提示し、その後は被調査者の話の流れに任せるという方法を取った。インタビューの途中に、「人民日報」と「南方週末」に掲載された中産階級の関連記事や報道を見せて感想を述べてもらった。

同時に、本章では、中国の中産階級と類似した人口統計上の特徴を持つ微博《ウェイボー》（Weibo）というソーシャルメディア[3]にも焦点を当てて、中国の中産階級は自分自身の階層的地位に対して持つ認知と評価も考察した。今日、微博というソーシャルメディアは中国人の日常生活に浸透している。二〇〇六年にツイッターが誕生し、それに類似したサービスとして、二〇〇九年九月に中国ポータルサイト最大手「新浪（sina.com）」が始めたのが微博である。以来、今日に至るまで、微博は情報の受信や認識に影響を与え、さらには世界に対する認知と態度にまで影響を及ぼし続けている。微博の機能の一つは、一般の中国人に、自己表現のプラットフォームを与えることである。この機能は同時に、人々の交流と意思疎通に利便性をもたらし、集団意識の形成を促してもいる。本章が微博を重要な分析資料として扱う理由は、中産階級と呼ばれる集団が、インターネットとの接触度が高いと推測されるためである。その根拠を示すものの一つが、中国社会科学院の調査結果であり、中産階級の人口統計的特徴として、高学歴（大半が大学卒以上）と若年層化（二六〜三五歳）が挙げられている。もう一つが、中国人民大学が二〇〇九年一二月に行った微博のユーザーに関する調査結果であり、その特徴として「若者が中心」「高学歴」「中以上の所得がある」の三点が挙げられている（喻国明ほか 2011: 147）。本章では、質的インタビューと参与観察に加えて、微博上の言説も分析対象として扱い、伝統メディア（新聞、雑誌、テレビなど）が作り出した中産階級のイメージに対する中国の中産階級の評価や、彼ら自身の階層的地位に対する認知などを考察した。

こうした調査の結果から、中国の消費者（受け手）がメディア上での中産階級イメージを受容するにあたって、主として以下のような五つの特徴が示された。以下は、この五つをそれぞれ具体的に見ていく。[4]

第二節　批判の的

伝統メディアが示した中国の中産階級に対する積極的な態度と対照して、ソーシャルメディアである微博では、中産階級に対して不満を示した人が見られる。

たとえば、二〇一四年三月二一日のユーザー「三農装飾装潢」の微博は伝統メディアに作り出された中産階級のイメージについて、次のように否定的に語っている。「中国のテレビには農民のイメージと農村の形式がめったに出てこない。まるで中国全体が都市化され、すべての中国人が中産階級になったみたい。実際には、中国の農村はまだとても貧乏だ。もちろん、昔よりよくなったけど、農業税が廃止され、医療保険と社会保険もついてきた。しかし、それらは基本的な保障が揃ったことを意味しているだけだ。広範な農村地方の人がいつか中産階級になれたら、中国の夢[5]が本当に実現したと言えるのだ」（図4－1）。また、二〇一七年一月九日のユーザー「白米売」の微博には、「中産階級は生意気な態度で社会を見ている。彼らは公共の利益に関心を払わず、自分自身の利益だけ重んじている」と、中産階級そのものに対する批判的な評論が載せられている（図

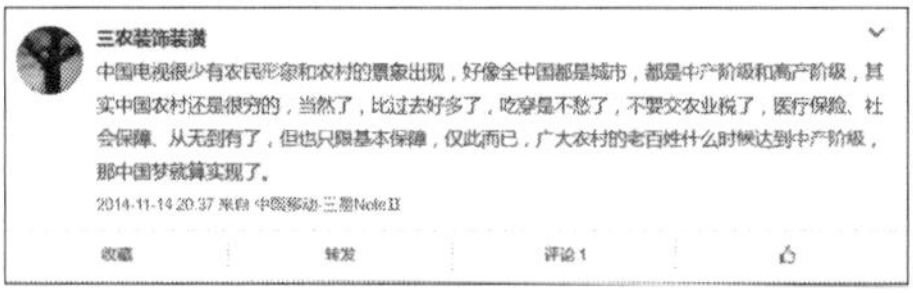

図4-1：2014年3月21日の「三農装飾装潢」微博

4−2）。さらに、二〇一七年二月三日の香港メディアの「鳳凰財経」が微博に掲載した記事には、「中国の中産階級は成長し、現在、中国の中産階級に属する人の数はアメリカを上回り、世界最多となり、一・〇九億人に達した」という文面があるが、それに対する書き込み欄では、「金権取引、法律の不完全さ、市場の無秩序という背景の下で、中産階級の人数が増加しても何の価値もない」というコメントが最も支持されている（図4−3）。

微博上の否定的な語りと類似の意見は、筆者が行っていたインタビューの中でも聞かれた。

「メディア上の中産階級イメージは、見るだけでイライラするよ。彼らの住んでいるところや持っている車などを見ると、どうやってそんなに稼いでいるのだといつも思う。不思議だよ。不法なことをしたかもしれない。成金っぽい。中産階級はそんな人たちなの？　もし本当なら、この国にはあんな人は少ないほうがいい。私は国のために三〇年間も働いた。私の貯金は家を買ったら、もう何も残らない。だから、そういう中産階級のイメージを見ていると、悲しくなる。社会は不公平すぎる」（元国営企業の退職者、男性、六三歳）

「別荘に住み、名車を運転する中産階級のイ

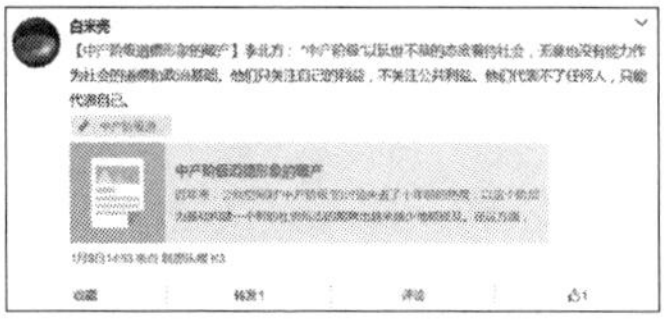

図4-2：2017年1月9日の「白米売」微博

図4-3：2017年2月3日の「鳳凰財経」微博

メージを見るだけで、もううんざり！　メディアは何を宣伝したいのか、さっぱりわからない。最近、私はもうこういう報道や記事を見たくない。社会的問題、環境問題、食品安全問題、教育問題、医療問題など、もっと注目しなければならない問題がいっぱいある。それらの問題を取り上げて報道することは中産階級の宣伝より重要だと思う」（医者、女性、五〇歳）

「あまり伝統メディアを見ないが、メディアに描き出された中産階級を見ると、やはり貧富の格差が心配になる。今日の中国には貧しい人がまだいっぱいいるよ。あまり中産階級、中産階級ばかり言い出すと、貧しい人は反感を持ち、反社会的になるのではないか」（ＩＴ業界のシステムエンジニア、男性、二八歳）

「僕は田舎の人間だ。田舎がどんなに貧しいのか、都会の人にも知ってもらいたい。僕は今、都会に来て、都会の人のために、道路を建設している。ところが、僕はいつも都会の人に軽蔑されている。僕は何も悪いことをしていない。頑張っているのに、軽蔑される理由がわからない。テレビを見ても、広告を見ても、そういう都会の物語ばかりだ。さびしく感じている。僕ら田舎の人の物語も見たい。特に都会の人に見てもらいたい。僕ら出稼ぎ者のことを理解してほしい。少しでも尊重してほしい。中産階級という言葉ははじめて聞いた。もし、テレビや広告の登場人物が中産階級だというならば、僕ら田舎の人がそうなるのに、あと何十年、何百年もかかると思うよ。中産階級を宣伝する前に、僕ら田舎にいる貧しい農民の問題をまず解決したらどうか」（出稼ぎ農民、男性、二四歳）

「一昨年考察するために、内陸部の山地に行ってきた。そこにある貧しい状態を今思い出すと、涙が出るぐらい。工場の労働者もそうだ。月に一〇〇〇元（約一万六〇〇〇円）の生活費だけで、一家四人の生計を立てている。現在、メディアはあまりにも中産階級向けすぎる。メディアの製作側や放送側は社会の下層にいる人々にも関心を払ってほしい」（研究員、男性、四七歳）

以上の発言から見えたのは、被調査者のうち、メディア上の中産階級イメージに対して苛立ちを表明している人がいることである。こうした中産階級のメディア・イメージに対する厳しい意見を持つほか、被調査者のうち、中国の中産階級そのものについて、否定的な考えを持つ人もいる。

「中国の中産階級は財産から規定された概念だ。中国の中産階級は特定の富裕層を指している。つまり、中国の大都市に暮らし、中小企業や政府機関に勤め、高収入のホワイトカラーやゴールドカラーなのだ。彼らは少なくとも一軒の家を持ち、その家も別荘か高級マンションなのだ。彼らは自家用車を持っている。その自家用車もフェラーリやランボルギーニ、ベンツ、BMWなどの高級車だ。中国の中産階級は一流の品位にこだわる。彼らはあくまで中国の極少数派で、中国の多数派はやはり農民と普通のサラリーマン階層だ。政府や社会学者は中産階級をどのように定義しているかには関係なく、私は普通のサラリーマンが中国の中産階級ではないと考えている。中産階級は普通のサラリーマンより経済力を持つが、彼らは消費活動と自分

の暮らしだけに夢中なのだ。社会責任を放棄している」（大学教授、男性、四六歳）

「中国の中産階級は責任感のない人たちだ。彼らは北京の大気汚染状況に対して文句を言いながらも、どこに行っても自家用車を走らせ、交通渋滞を起こし、排気ガスでＰＭ２・５を増やしている。彼らは政府の政策に恵まれた既得権益層なのだ。でも、彼らはすでに恵まれている事実をいつも忘れ、自己中心的で、農民や工場の労働者を軽蔑し、弱者の声を代弁できない以上、自分の利益ばかり考え、政府に要請ばかりしている」（工場の労働者、女性、三二歳）

こうして、中国の政府や学者、メディアの送り手や作り手と異なり、中国の受け手には中産階級のイメージだけではなく、中産階級そのものに対しても不満を表している人がいる。彼らは中産階級との心理的一体感を持たず、中産階級のメディア・イメージを否定的に捉えている。

第三節　等身大の自分

アングが世界中を席巻したアメリカのソープオペラ『ダラス』のオランダでの視聴についてこのように論じている。「ポピュラー文化から消費者が得る快楽とは、何よりまず自己の気持ちにしっくりくるものを認識し、感情移入することから生じるものである」（Ang 1985: 20）

インタビューを受けた被調査者のうち、メディア上の中産階級イメージに一定のリアリティを見出し、自己と一体化させている人がいる。

「私は自分自身を中産階級だと自認している。多くの中国人は歴史的影響を受けて、自ら中産階級と言わないけど、私は中産階級と呼ばれて、かえって気持ちがいい。なぜなら、中産階級というのは他の国では普通の人と同じ意味だからだ。中国はこの辺、やはり遅れている。そのような新しい名称に対して、みんなの回避の態度そのものは考えの遅れている証明だ。私はここ二、三年でやっと中産階級になった。中産階級になったばかりだから、どのようにしたら真の中産階級になれるか、教えてもらいたい。最近、私はファッション雑誌を購読しているよ。そこに中産階級になるヒントが載っている。私はメディアに映し出された中産階級の姿に注目している。そこには私と等身大の表象がある。たとえば、私は女性として自分の会社を経営する時に出会った困難は、まさに新聞で報道された中産女性の問題と一緒だ。また、私が経験した結婚失敗もそうだ。お金があれば、必ず幸せになれるわけではないよ。中産階級になった裕福な人は特にそうだ。週末になると、私は家でアメリカドラマや日本のドラマ、韓国のドラマをたくさん見る。海外のドラマはほとんど中産階級の物語だ」（私営広告会社の社長、女性、四三歳）

「私はメディア上の中産階級イメージを気にかけるようにしている。特に、住宅を購入する時や、車を買い替える時など。中産階級のメディア・イメージは私に自分の生活とどのように付き合うべきか、自分の身分をいかに消費財によって示すか、家の内装を考えたり、消費活動を

行ったりする時に示唆と知恵を与えてくれている」（多国籍企業の管理職、男性、三九歳）

こうした回答から、中産階級のメディア・イメージを自分自身と接合させ、さらにそこからライフスタイルの知恵を得ている受け手の様子が窺える。

また、インタビュー中、自分自身を中産階級だと認識している被調査者は次のように自分の例を取りあげながら、中国の中産階級について語っている。

「中国の中産階級に関する厳密な基準があるかどうか、私もよくわからないけど、自分自身と周りの状況を見ると、中産階級の年間収入は少なくとも百万人民元（約一六〇〇万円）以上でしょう。私たちは別荘は買えないが、家の面積は広いよ。自家用車が二、三台あり、ベンツとＢＭＷではないと、外に出られない。中産階級の子供はほとんど、中学校や高校を卒業したら、すぐに海外留学する。私の子供も今、カナダの高校に通っている。冬休みや夏休みになると、家族旅行する。旅に出る時、ファーストクラスとビジネスクラスでなくても、出かけたい時にチケットを買える状態。旅先のホテルは五つ星ではなくても、四つ星以上のホテルではなければならない。私の化粧品はディオール、シャネル、シスレーに限定する。旦那はiPhone、iPad、MacBookが好きで、最新のものじゃないと使わない」（主婦、女性、四七歳）

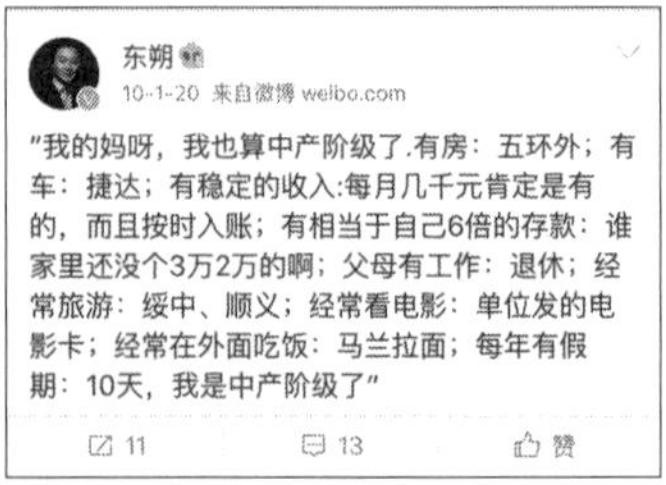
东朔
10-1-20 来自微博 weibo.com
"我的妈呀，我也算中产阶级了.有房：五环外；有车：捷达；有稳定的收入:每月几千元肯定是有的，而且按时入账；有相当于自己6倍的存款：谁家里还没个3万2万的啊；父母有工作：退休；经常旅游：绥中、顺义；经常看电影：单位发的电影卡；经常在外面吃饭：马兰拉面；每年有假期：10天，我是中产阶级了"
11
13
赞

図4-4：2010年1月20日の「東朔」微博

図4-5：2012年2月17日の「倪敏」微博

図4-6：2015年1月31日の「我叫張不羈」微博

他方、微博上の言説からも、中産階級という自己認識を持ち、中産階級のメディア・イメージを等身大の物として見なしている受け手の姿が読み取れる。たとえば、二〇一〇年一月二〇日のユーザー「東朔」は微博で「オーマイゴッド！　私も中産階級になった。家を持っているよ：北京市五環以外にあるけど。車を得ているよ：フォルクスワーゲン・ジェッタだけど。安定した収入を持っているよ：毎月何千元もの稼ぎが必ずある……」と書き、中産階級の階層帰属意識を示した（図4－4）。二〇一二年二月一七日のユーザー「倪敏」の微博は、戦後のアメリカ中産階級の家の写真を掲載し、「この種のスタイルが大好きだ」と述べ、「やはり私は中産階級だ」と結論づけた（図4－5）。また、二〇一五年一月三一日のユーザー「我叫張不羈」は微博で人民日報の報道「年収入五万から一二万元の人が〝中産〟に入る」に言及し、「私は中産階級だ！」と叫んでいた（図4－6）。

第四節　憧れの対象

R・ダイアーはかつてメディア・テクストのユートピア主義について次のように指摘していた。「エンターテイメントは……日常生活では味わえない何かとても魅力的な状態を提示する。そこで体現される現実と、その代わりになるもの、希望、望みなどから、物事はもっと良くなるはずだ、現在の生活とは違うことが想像できるし、また実現できるといったユートピア的思想を助長する」(Dyer 1992: 18)。このダイアーの議論は、特にミュージカルに関するものであるが、今日中国における中産階級のメディア・イメージの受容についても同様のことが言える。

インタビューの結果から窺えるように、羨望の目で中産階級のメディア・イメージを受容する態度は、中産階級のメディア・イメージに対する典型的な受け止め方の一つである。就職したばかりの被調査者は「自分には経済的蓄積がほとんどないので、まだ中産階級だと言えない。しかし、メディア上の中産階級イメージをいつもうらやましく思いながら見ている。なぜなら、そこには努力目標があるからだ」と話してくれた(外資系企業の営業職、男性、二三歳)。

また、次のようにも言う。「時々、メディアに映し出された豪華すぎる中産階級の暮らしぶりを見ると、中産ではなく、上流の生活ではないかと疑ってはいるが、決して中産階級のメディア・イメージを拒否しているわけではない。メディアが提示した華やかなイメージはたとえ中産でなくても、現実にありえない話ではないと思っている。中国の経済成長とともに、それらはいつか実現できる物語だと信じている」（高校の教諭、男性、五一歳）

「中産階級のメディア・イメージは私に夢とエネルギーを与えてくれた。一年前に、メディアに映された都会のファッショナブルな中産階級の暮らしに惹き付けられたから、努力して農村から上海にある難関の大学進学を実現するという人生の転換を図った」（大学生、女性、一九歳）

このように中産階級のメディア・イメージに表現されたドラマチックな記号が、自分自身の日常と乖離《かいり》したことを意識している被調査者もいる。しかし、その「乖離感」は「憧れ」に転化しうるから、彼らは中産階級のメディア・イメージに対して、羨望のまなざしを投げかけながら、積極的に受け入れようとしている。まさに彼らにとって、中産階級のメディア・イメージは「距離があるけど、魅力もある」未来像を提示し、彼らの上昇志向を鼓舞するツールである。つまり、中産階級のメディア・イメージに映し出された豊かなイメージは、たとえ「今の」彼らと直接には共有されていない「先の話」であっても、彼らはそれが「今後の」自分を先取りした非常に近い未来の話だと考え、それを「実現可能な手本」と捉え、さらにそれへ接近するための努力の契機とする。

同様な意見を、自分自身を「中産階級の前身、つまり小資（プチブル）」だと認識している被調査者（新聞記者、女性、二八歳）も持っている。彼女は「テレビドラマに映し出された中産階級の主人公たちの生活に憧れ」を抱き、「中産階級のドラマは努力のエンジンだ」と認め、「こうしたドラマを見る時に、いつも中産階級である主人公の持ち物に注目している。中産階級のドラマは、自分の生活に欠けている消費財に気付かせてくれ、ショッピングする際の参考になる」と特に指摘した。このように、中産階級のメディア・イメージに含まれている「都会的な」「現代風の」「おしゃれな」記号を意識的・能動的に消費している受け手にとっては、中産階級のメディア・イメージがファッション、インテリア、消費財、音楽の情報源、おしゃれの「カタログ」であり、また彼らの欲望を掻き立てて、彼らのライフスタイルを促進させる一つの「生活の戦略」でもある。また、この話からは、今日、中国では社会階層の移動と分化が進み、かつてD・リースマンが論じた「他人指向型の文化」（Riesman 1950=1964）も、中国の都市部で形

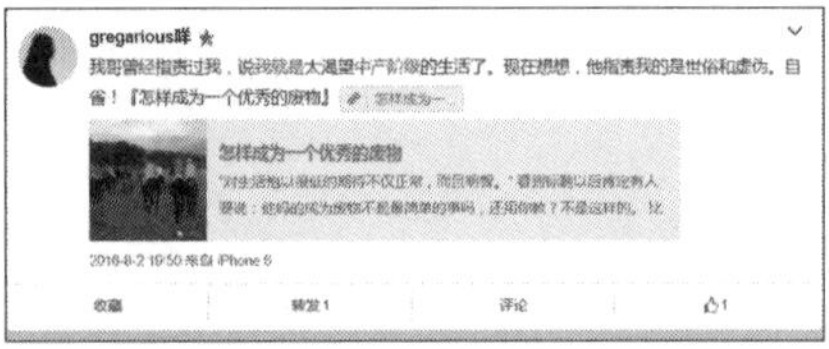

図4-7：2016年8月2日の「gregarious咩」の微博

図4-8：2016年5月19日の「52細腰」の微博

成されつつあることが窺われる。

微博に目を移すと、そこにも中産階級を憧れの対象と見なし、さらに目標として目指すべき受け手が見られる。たとえば、ユーザー「gregarious 咩」は「いかに中産階級になれるか」に関する書評を転載すると同時に、「私は中産階級的な生活をとても渇望している」と書いた（図4－7）。また、ユーザー「52細腰」は自分の微博で「努力して中産階級になる」ことを「目標」として掲げた（図4－8）。

第五節　消費による階層の再生産

現在、自分が豊かになりかつ中産階級を自認している中国人は、メディアが作り出す中産階級のイメージから等身大の自分を見出し、積極的に受容しているのみならず、さらに日常生活において、様々な消費活動を通じて、中産階級という社会的身分を再生産している。

筆者が行った調査から窺えたことであるが、中産階級は自分自身が中産階級であることを他人に示すために、様々な消費を行っている。たとえば、被調査者は次のように語っている。

「私はお金を使う欲望がある。暇な時の過ごし方として、お金を使うことだ。服、靴、カバン、アクセサリーなど、特に目標がなくても、ショッピングのために出かける。おしゃれをするほか、家族の需要も忘れることがない。子供の服や夫の服など、気に入ったものがあれば、買ってしまう。私たち中産階級は貧乏人ではないから、お金の心配がない暮らしをしているのだ」（雑誌編集者、女性、三八歳）。「私は骨董や玉器が好きで、また品質の良いお茶にもこだわりがある。こういう希少価値のある品物は一般庶民には手に入らない。私はこうした宝物を目にしたら、手放せなくなる。能力の許す範囲で、お金を出す。貴重なものを持つことで、私の身分と特別な品位を示すことができるのだ」（私営企業の社長、男性、五二歳）

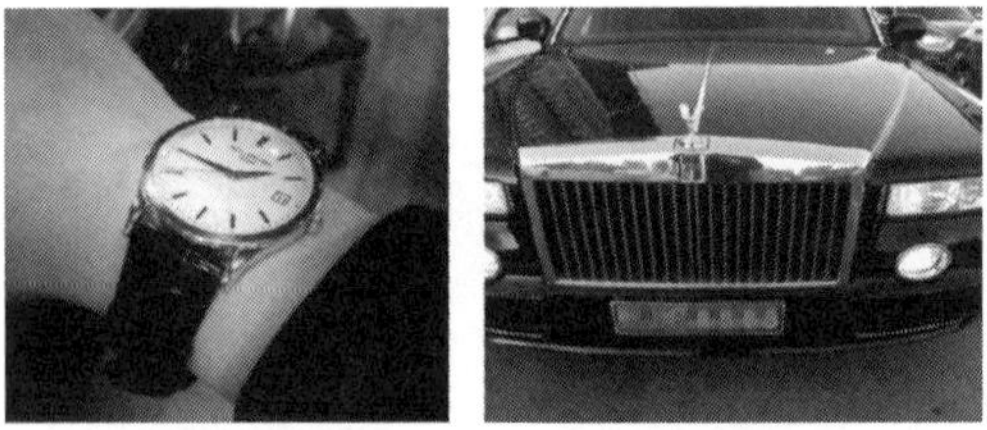

図4-9：中産階級が自慢気に見せてくれた腕時計と高級車（筆者撮影）

中国の中産階級は自分自身の地位を彼らより下の階層から区別させるために、身分を象徴できるような商品を購入している。ブランド時計や高級車などはその典型例である。図4-9は中産階級の階層意識を持つ被調査者（私営企業家、男性、四三歳）が自慢気に見せてくれた腕時計（パテック フィリップ）と高級車（ロールス・ロイス）の写真である。

中産階級にとって、消費活動はまた自己実現の手段でもある。たとえば、中産階級は旅行消費を通じて、個人の価値を向上させ、視野を広げ、心身ともに充実させている。「私は年に四回ほど旅に出る。旅行は仕事のストレスを低減させたり、仕事の効率を高めたりする効果がある。春節になると、私は子供を連れて海外に出る。海外旅行は子供だけではなく、私たち親の見聞を広める効果がある。家族全員は一緒に様々な体験をして大自然、土地柄や人情に触れてリラックスできる。このように休暇を過ごすのは、我が家の特徴だ。頻繁に旅に出て余暇を楽しめるのは、まさに私たちのような中産階級家庭の特徴だと思う」（設計会社の設計士、男性、四三歳）

旅行消費のほか、住宅の購入も中産階級が自分の社会的経済的地位を表す指標となっている。現在の中国では、特に都市部においては、住宅が最も重要な個人資産となっている。中産階級は自分より下の階層と区別するために、高級マンションか別荘を購入しようとする。高級マンションと別荘は中産階級の消費者に安全、快適、卓越した生活環境を提供できるからである。二〇一四年に、筆者が行った不動産広告に関する言語的・図像的な分析によると、中産階級向けの不動産広告は主に、①専有面積が一〇〇平米以上の住宅面積、②中洋融合・古今共存の建物イメージ、③便利な交通、安心の管理サービス、ハイレベルの教育・医療を享有できる生活環境、④空気、光、水、森林、緑地を「独り占め」できる自然環境、⑤品位を求める贅沢な消費活動を中心としたライフスタイル、という五方面の描写に重きを置いている（周倩2016)。

たとえば、高級住宅「西山壹号院」の広告文には「中国的屋敷　繁栄する世帯」という

図4-11：「孔雀城」の広告

図4-10：「西山壹号院」の広告

キャッチフレーズを使っているが、建物の内観図に用いられている家具と室内装飾を見ると、西洋的かつモダンな要素を多く取り入れていることがわかる（図4-10）。また、「西山壹号院」に関する説明文では、「伝統文化への回帰」を「家族の価値」「住空間の世代継承」と結び付けて語っているほか、建物の「立地が歴史的にも風水的にも優れている」ことを繰り返し強調している。

「孔雀城」の広告は「安心感がある管理サービス」に関して、次のように宣伝している。「孔雀城の管理人は五つ星ホテルで訓練を受けてきた。五つ星ホテルのサービス理念を全面的に習得した上で、実情に合わせて高品質なサービス体制を提供する。孔雀城の各ゲートでは一年三六五日有人警備のセキュリティ体制を取る。常駐のゲートキーパー（門番）だけではなく、二四時間の巡回警備も行う。さらに、孔雀城の各所には防犯カメラが設置されており、外部からの不審者の侵入を防いでいる。孔雀城は居住者の私有財産と生命安全を保護することに全力で努める」（図4-11）。「天鵝湖」の広告には「居住者は世界最先端の医療資源を無償で獲得できるほか、居住者の子女は全国で唯一無二の学習環境と健康保険も専有できる」という説明文がある（図4－12）。「珺悦国際」の広告にはまた次のような説明文がある。「ピクチャーウィンドの外には、望念壇公園の二五〇〇亩（約一六七万平米）の緑地、天龍河の揺らぐ水面、三つの風致公園、常緑樹が生い茂る森……すべて絵のように楽しむことができる。このような自然風景を居住者は専有できる」

図4-12：「天鵝湖」の広告

そして、不動産広告に描かれた居住者のライフスタイルはほとんど、消費活動によって表現されている。頻出した消費活動は、ショッピング、旅行・観光、スポーツ、映画鑑賞などが挙げられる。不動産広告に取り上げられたショッピングとは、スーパーなどでの日常的な買い物ではなく、高級デパートにおける贅沢品ブランド品の購入行動を指すものである。旅行・観光の行き先は国内では海南省、香港と雲南省、海外ではフランス、イタリア、米国とオーストラリアなどである。スポーツの中で、最もよく言及されるのはゴルフと水泳である。映画鑑賞では、ハリウッド映画が出てくる。また、不動産広告には特定の場所も明示されている。頻出する場所はショッピング・センター（高級デパート、高級ショッピングモール）、公園、庭園、花園、高級ホテル、高級レストラン、会員制のスポーツセンター、ジム、高級プライベートクラブ（会館）、映画館、レクリエーション施設、ゴルフ場である。

さらに、居住者のライフスタイルを描写する際に、ほとんどの不動産広告は「品位」「贅沢」「格調」「高貴」「尊貴」「豪華」といった形容詞を使用している。たとえば、「銀泰中心」の広告は、「ここには国際トップクラスの贅沢品ブランドを集中的に取り扱っている巨大なショッピングモールもある。居住者はここで上品で格調高い高級品を手に入れることができる」と宣伝している。

図4-13：住宅の内装（筆者撮影）

筆者が行った調査からすると、これら不動産広告との相互作用の下で、中国の中産階級は住宅を購入する際に重視するポイントとして、その重視される順番に並べると、「便利な交通」「優雅な生活環境」「職場との距離」「通学の時間」「不動産会社の知名度」「価値」となる（周倩 2016）。被調査者のうち、不動産広告のイメージを参照し、自分の住宅の内装を行う人も見られる（図4－13）。図4－13の内装を行った被調査者によると、「不動産広告のイメージは自分自身の生活と付合し、家の内装を行ったり、家庭生活を送ったりする時にすてきな示唆を与えてくれる」のである（政府機関の公務員、男性、四五歳）。

今日、中国の中産階級は「住むための消費財」として実需で住宅を購入するほか、住宅の購入を一つの投資としても考えている。「住宅そのものは一種の資本形式だ。投資の目的で住宅を購入するのは、中産階級以上の特徴的なやり方だと思う。現在、中国の大都市では賃貸需要が旺盛だ。立地のよいマンションの一室を購入し、自分で住まず、他人に貸して賃貸収入を得て、次の不動産投資に走る。このようにして、自分の富が増える。中産階級以上の階層でないと、このような消費理念と経済力がないでしょう。中産階級の消費理念と消費能力は、中国の不動産業の発展を支えているのではないでしょうか」（私営企業の社長、男性、四四歳）

総じて、中産階級を自認している被調査者は大体、象徴的記号（高級マンション、別荘、ブランド時計、高級車、骨董など）を運用することによって、彼らは階層帰属意識を自ら構築すると同時に、他者に対して中産階級の社会的地位を示している。彼らは広告などのメディアから影響を受けやすく、またブランド品や贅沢品が消費できる経済力を持っている。子供の教育を重視し、意図的に子供の見聞を広げ、文化資本を増やし、階層を継承しようと考えているのである。

【注】

1 Hallはこの「エンコーディング/デコーディング」論文を一九七三年にガリ版刷りで配布してからも何度か書き直しているが、本章では最も多く参照され引用されている*Culture, Media, Language*(Routledge.1980)に収められた"Encoding/decoding"を参照した。

2 インタビュイーの基本属性については、男性二六名と女性二四名であり、男女それぞれ、一〇~七〇代の各年齢層ごとに六~七名の対象者を選定した。職業は私営企業の経営者、国立病院の医者、外資系企業の営業職や管理職のホワイトカラー、高校の教諭、大学生、新聞記者、退職者、研究員、出稼ぎ労働者、農民である。

3 ソーシャルメディアは、人々に情報の発信、共有、交換、交流や議論、創作などのプラットフォームと技術を提供するものである。伝統メディアに比べ、ユーザーに広い参与空間を与え、参与性、公開性、交流性、コミュニティ性、つながり性などの特徴を持つため、今日の階層意識の形成を観察するには適する素材だと考えられる。

4 筆者は被調査者の回答を読みやすくするために適宜、表現を修正した。

5 「中国の夢」は「中華民族の偉大なる復興」を掲げ、「国の富強、民族の復興、国民の幸福を実現すること」で、平和・発展・協力・ウィンウィンの夢」であり、二〇一二年中国共産党第一八回全国代表大会より中国共産党の統治理念となった。(「習近平主席が『中国の夢』を語る――『北京週報』日本語版」: http://japanese.beijingreview.com.cn/zt/txt/2013-07/08/content_554394.htm 二〇一七年二月四日にアクセスした)。

第五章

結論：研究意義と今後の課題

本書は「中産階級とは何か」という問題から出発し、客観的な要因（職業、学歴、収入など）によって規定されると思われた中産階級の階層帰属意識が、なぜ客観的な諸要因によって単純には決められないかについて再検討し、メディアの視点を従来の階層階級研究へ導入することを主張し、図0-1のモデル（31頁）を提示した。その後、既存の階層階級研究で語られた現代中国の中産階級を概観し、その構成と特性を明らかにした。その上、メディア研究の手法を採用し、中国の中産階級イメージを新聞メディアから析出し、そのメディア・イメージの生産と受容について検討を加えた。

第五章では、これまでの議論から浮び上がった知見をまとめ、中国の中産階級の真相を再確認した上で、戦後日本における中流の幻想との比較を試み、中産階級のメディア・イメージの研究意義を指摘し、今後の研究課題を展望することで、本書を締めくくる。

第一節　現代中国における想像上の中産階級

本節はこれまで析出された中産階級のメディア・イメージの特徴をまとめ、その意味を確認した上で、現代中国における中産階級の真相を探求するものである。

一　中産階級のメディア・イメージの特徴

全体として、メディアは階層階級研究と異なり、中産階級なら、どのような職業を選ぶか、どのような消費財を持つか、どのように暮らしているかといった具体的な日常生活の面から、中産階級というものを描き出している。

これまでの分析によると、中国の新聞は①学術界の解釈を引用する、②政府や政党側の語りを借用する、③新聞自身の観察と判断に基づいて自ら定義する、という三つの方法を用いて中国の中産階級を定義している。これら三つの方法による中産階級の定義を見ると、新聞紙上の中産階級は主として職業、収入、学歴、消費財という四つの区分基準にまとめられる。

また、中国の新聞における中産階級には強い政策志向がある。これは党・政府による「上から」の推進に依存し、政府の政策に応じて生まれた政治的産物と言える。中国の新聞が中産階級を報道しはじめたのは二〇〇一年七月一日の中国共産党創立八〇周年記念大会における江沢民の提案以降、および二〇〇二年一一月の中国共産党第一六回全国代表大会で「三つの代表」が党規約に明記されてからである。したがって、中国においては、国家主導が「高度経済成長」を追求する際に、中産階級が政治的な「必要性」や「必然性」を帯びるようになったと考えられる。

党・政府による政治的号令を受けた後、中国の新聞は中産階級のイメージを作り上げる際に、階層階級研究とは異なった訳語を使い、中産階級の異なる面を表している。中国の新聞では、政治的色合いが強い「中等収入」と経済的意味を持つ「中産」の関連語が多用されているが、「中間層」と「中間階層」は社会構造の中レベルという漠然としたイメージしか持っていないため、それほど多く使われていない。

職業に関しては、新聞上の中産階級は「旧中産階級」と比べて、「新中産階級」に偏っている。また、普通のサラリーマン層より、管理層、インテリや政府の役人など、上層の中産階級に対する関心度が高く見られる。恐らく、そこには「新自由主義」がグローバルに進行している中で、階層間の格差を認めながらも、不平等を隠蔽し、理想的なものに見せようとする思惑が潜んでいるかと推測できよう。

学歴については、中国の新聞では、大卒という学歴を中産階級の不可欠な条件として取り上げている。おそらく中国では歴史的要因や、社会主義体制から市場経済体制への体制の転換、さらに経済発展という時代の要請によって、学歴は地位達成の主要なルートとして再認識されなければならない状況に置かれていたため、中国の新聞では、学歴が中産階級と同様に人々の希望や夢や欲望と分かちがたく結びついており、社会的な成功を導くという象徴的価値、および努力によって達成する可能性の高いシンボルとして機能していると考えられよう。

ジェンダー的に見れば、中産階級のメディア・イメージにはステレオタイプ的な男女の性別役割が存在している。中国の新聞においては、「家庭面」に囲い込まれてしまう中産階級の「主婦」のイメージはほとんど見当たらないが、男性の中産階級に対しては、その成功者イメージと同時に、彼らが負っている重圧も捉えられている。一方、中産階級の女性に対しては、事業より消費生活に注目し、描写も表面的であるように見える。

新聞はまた「記号」としての消費財を用いて、中産階級と他の階層との差異を示すと同時に、新しい合理的なライフスタイルを推奨する方向を示している。つまり、中国の新聞は一定の消費財に中産階級の象徴的意味合いを付与し、中産階級の消費志向を宣伝・推奨しているのである。

修飾辞の使用から見れば、中国の新聞は「安定的」なイメージを強調すると同時に、中産階級の「裕福」なイメージの描写に重きを置いているように見られる。中国の新聞は中産階級を社会から羨望の眼差しで見られる裕福な生活を送っている階層として、意識的に作り上げようとしている。

動詞の使用統計からは、新聞の中産階級に対する積極的・好意的な態度が読み取れた。実際、中国の新聞においては、中産階級という語を主語ないし目的語としている文中に用いられている動詞には、元々政府の政策・政治家・学者に使われていた言葉をそのまま借用しているものが多い。ただし、新聞自身も様々な語り手とともに、社会で「増大」「形成」されつつある中産階級を「重視」し、中産階級の「社会の安定を保障し、経済の成長を保つ」という役割に注目し、さらに中産階級を「促成」「推進」させようとしている。

新聞上の中産階級のメディア・イメージには少なくとも政府筋・学術界・欧米・他のメディアという四つのテクストが関連している。この意味で、中産階級のメディア・イメージは「複合的結合性」を持っている。中国の中産階級のメディア・イメージは、政府側の承認を得て、学術界の呼びかけに応じ、先進的かつ豊かな欧米を模範とし、様々なメディアによる共同作業の下で作り上げられたものである。こうした中産階級のメディア・イメージはグローバルな規模で再編されている階層構造の現れだと理解できると同時に、「豊かな社会」と「欧米への追いつき」という目標に対する広範な人々の自発的同意によって、後押しされたものだと考えられよう。

中産階級のメディア・イメージの語り手とその態度に関する検討によると、新聞における中産階級の語り手は学者、政府官僚、自称中産階級の人、他の階層と自認する人、およびメディアの関係者という五種類がある。彼らのほとんどは中産階級に対する積極的・好意的な態度を示し、中産階級が社会の中核になりうると見なしている。

こうした中国のメディアによって作り出され、送り出された中産階級のイメージは、中国政府の「政治安定、経済発展、社会調和」の意向を単に反映したものではなく、むしろ中国のメディアがグローバル化時代の中で売り上げを伸ばすために、また国内外市場のニーズを満たすために、中産階級の構成員としての送り手・作り手が自ら構築したものである。メディアが作り出した中産階級イメージは中国人の日常生活に浸透し、裕福になった人々に中産階級を示す記号や、消費によって階層の再生産を可能とする様々な手本を提供している。

二　中産階級のメディア・イメージの意味

周知のように、高度経済成長を遂げるにつれ、中国社会に画期的かつトータルな変動が起こっている。この時期に、中国政府は「中等収入者を拡大しよう」としているところを見ると、中産階級というものが政治的スローガンにとっていかに魅力的であったかが窺える。それゆえ、中産階級のメディア・イメージの意味を考える際に、その政治的意味が何より強いように思われる。[1]

富永健一によれば、「高度経済成長期」は階層構造に多元化をもたらしている。社会の構造はかつての上層・中層・下層というような一元的な範疇では捉え切れないほど多様化している

(富永編 1979: 173-174)。経済学の世界では、一般に「効率性」と「公平性」はトレードオフの関係にあると想定されている。「高度経済成長期」においては、経済成長率（経済効率）が高まるには、ある程度公平性（所得分配の平等）を犠牲にしなければならない。こうした「高度経済成長期」という時代背景の下で、中国のメディアに現れた中産階級は多元化する階層構造に対して新たな明確な階層境界を作り上げ、階層秩序を整えながら国家発展の方向性を示すと同時に、中産階級の言葉が帯びている「中」という言葉の特徴を利用して、「平等」のレッテルを貼ることによって、社会の格差をカモフラージュしている。したがって、中産階級のメディア・イメージは「高度経済成長期」ないし「過渡期」における内在的な矛盾を取り繕うのに利用されていると考えられ、また国民統合の役割も果たしている。なぜなら、「高度経済成長」という時期に、経済の成長が社会格差をもたらしている一方、国民統合の要ともなっており、逆に国民の統合も経済のさらなる成長を支えることができるからである。[2]

確かに中国では、経済的発展にともない、社会が豊かになったことは否定できない。しかし、今日、グローバリゼーションと「新自由主義」の中で、中国社会の格差は大幅に拡大し、世界的に注目されている。二〇一〇年には、中国における都市居住者の所得最上位一〇%の層は、最下位一〇%の層の約二三倍の所得を得ている。また所得以外の経済的格差も存在している。たとえば、カラーテレビ、洗濯機、冷蔵庫といった基本的な家電は現在ではほぼ一〇〇%普及している。近年、エアコン、電子レンジも急伸している。これらは所得別の普及格差が大きい。エアコンなどは貧困層では三割台の普及であるが、富裕層では一部屋一台という水準となっている。情報機器については、携帯電話は貧困世帯で一家に一台、富裕層では一人一台となっている。パソコンは貧困世帯ではあまり普及が進んでいないが、富裕世帯では一家に一台レベルまで普及が進んでいる。[3] そのほか、今日の中国では、ジェンダー間の格差、少数民族の問題や農民に対する差別などの問題が深刻化している。

ところが、中国のメディアによって伝えられた中産階級のメディア・イメージは社会に存在している以上のような格差や不平等を不問に付したまま、裕福になった人々のみに焦点を当てて、彼らがいかに平等で豊かに暮らしているかを映し出している。したがって、ここでわかるように、メディアによって描き出された中産階級のライフスタイルのイメージは、限られた人――つまり、ある程度の経済力や地位がある人――だけを対象にしたものである。中産階級のメディア・イメージが一部の人――「高度経済成長」の既得権益者――のみに限定されている。ゆえに、メディアに選ばれた「高度経済成長」の既得権益者である裕福な人たちの間でのみ、ライフスタイルが共有でき、平等が確保できる半面、選ばれなかった人との間に依然として厳格な差別が強調されているわけである。こうしたメディアの中産階級に対する関心の高まりは、実際問題として中産階級より下の階層の人々に対する関心の低下を導いている。[4] また、こうしてメディアによって作り出された中産階級のイメージがもし社会に受け入れられ、広範な社会にとって喜ばしいものとなり歓迎されるとなれば、中産階級の背後に潜んでいる政治的意図や差別はたちまちにして忘れられてしまうかもしれない。

これまで、メディア研究者によっても指摘されたように、メディアが人々の現実逃避のために「夢」を大量生産することは消費生活水準を実際に向上させる効果がある。中国のメディアによって描き出された「裕福」な中産階級のメディア・イメージには、客観的に拡大している格差の危機に対する心理的麻酔薬を人々に与えながら、中産階級の拡大によって「調和のとれた社会（和諧社会）の達成」に向かって前進していると思わせる意図がある。したがって、中産階級のメディア・イメージは経済発展に内在する矛盾を覆い隠す働きがあると言えよう。[5]

総じて、中産階級のメディア・イメージは政府の権力を維持するために利用されるものであり、政府の経済発展を至上命題としてきた近代化の目標再編の過程を反映したものでもある。さらに、国家政策・知識人の実践・メディアの価値志向に浸透した強力な言説体系であり、また一種のイデオロギーである。こうしたイデオロギーとしての中産階級は政治的・戦略的な意味を秘め、社会の不平等や格差を隠蔽し、イメージとして、理想像として人々の前面に現れ、人々に地位達成の可能性を感じさせながら、また身近な目標として人々の生活向上への意欲を掻き立てている。そして、人々が中産階級への夢を抱いて努力することは、社会の新陳代謝を促し、個人の生活水準を実質的に上昇させている。

三　中国の中産階級の真相

今日の中国では、対外開放を背景に、市場経済体制および各分野の改革が深化し、そしてグローバリゼーションの波に乗り、過酷なエリート主義的教育制度を勝ち抜いて大学卒以上の資格を持ち、外国語を流暢に話す中国の中産階級はこの国の経済発展の最大の受益者である。特殊な歴史的社会的文脈の下で生成された中国の中産階級は、すでに階層間の明らかな境界と地位の差が文化にも反映される欧米的「ミドルクラス」でもなければ、また逆に、日本のように生活水準の平準化が進み、大衆消費の実現によって階級階層の輪郭が消滅しかけた社会の一部としての「中流」でもない。今日の中国の中産階級は政府側の承認を得て、学術界の呼びかけに応じて、社会の羨望の眼差しと反感を同時に受けながら、他の階層とは異なる生活様式を意識的に作り上げようとしている裕福な少数の一群である。

中国の中産階級が少数であることに関連して、現在、中国人に共有されている中産階級に対する認識は、既存の階層階級研究で語られてきた実態に即した「概念」としての中産階級というよりも、メディアが送り出してきた視覚的でステレオタイプな性格も強い「表象」としての中産階級のほうが圧倒的に多い。

今日、階層階級理論の蓄積の上に、そしてイデオロギーの影響の下に成り立つ中産階級のメディア・イメージは、すでに存在している社会的表象として、中国人の日常生活に浸透し、中国人に共通する現実の一部となっている。この社会的表象になった中産階級のメディア・イメージは社会科学の世界とは異なる「常識」の世界を構成しているようにも見える。

現代中国の中産階級の真相を一言指摘すると、それは既往研究で論じられてきたような一定の収入・学歴・職業などの客観的指標によって規定されるわけではなく、また単に中産階級意識の有無によって規定されるものでもない。現代中国の中産階級は、メディアによって作り出された想像上の階層でありながら、メディア・イメージの媒介作用の下で、また裕福になった中国人の日常的な消費行動の中で、虚構と実在が微妙かつ複雑に交差しているものなのである。

第二節　戦後日本における中流の幻想との比較

本書の分析は中国一国に限定したため、時空間の制限、また中国という国家体制の特殊性から、中産階級のメディア・イメージに関する検討のほとんどは「中国の特色ある社会主義」という特徴に帰結できよう。したがって、議論から得られた知見を一般化する際に限界が生じている。またそもそも、「特色ある」という中国の状況を記述する言葉自体は、他の国と比較されていることが想定されており、比較が内包されている。[6] そのため、筆者は今後、「中国が特殊である」という暗黙の了解を破って、同じ東アジアの国でありながら、国家体制を異にする日本を分析の枠組みに含め、日中比較を行うことによって、この限界を乗り越え、より普遍的な議論を進めていきたい。本節は今後の試論として位置づけられる。

周知のように、一九五〇年代半ば以降の日本では、中流をめぐる論争は三度にもわたって行われてきた。それらの論争の背後には中流の実際の姿を具体的に捉えようとする問題意識が通底している。ところが、「中流が幻想だ」という岸本重陳の言葉が直感的に訴えたように、日本人は中流意識を広範に抱いている半面、中流の実態の輪郭は薄弱なものである。また、日本人は中流に対して、「世間並み」というイメージを持っている。このイメージの形成にメディアが働きかけたことは研究者たちによって指摘されている。したがって、日本の中流と中国の中産階級はいずれもメディアと密接な関係を持つため、両者の比較が可能であると考えられる。

本節は中国の新聞の分析と同様の枠組みにしたがい、量的集計と質的な記述を合わせて、日本の新聞が提示する中産階級のイメージとその特徴を簡潔にまとめていく。なお、分析資料として選定したのは「高度経済成長期」（一九五五〜一九七三）の「朝日新聞」（四七本）と「読売新聞」（二六一本）である。[7] これは「高度経済成長期の開始期」と見なされた一九五五年頃から、中流をめぐる議論が日本の社会的な関心を集め、一九七三年に、中流のイメージが定着し、「総中流」が日本社会を象徴する言葉となり、社会構造を語る際の基本枠組みであり続けてきたためである。また、「朝日新聞」と「読売新聞」は日本の代表的な全国紙であり、両紙

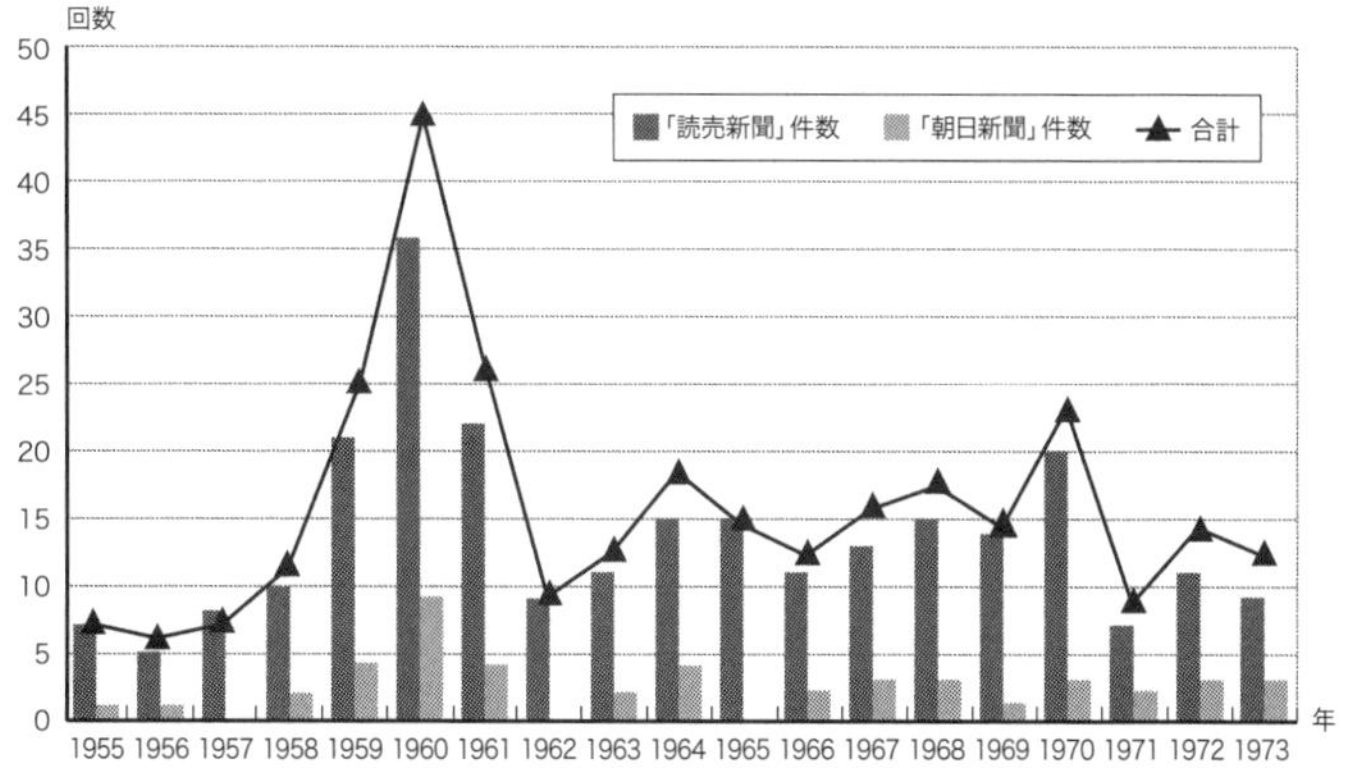

図5-1：日本の新聞における関連記事の年度別掲載回数（筆者作成）

を通じて、日本国内の世論がほぼ把握できると考えられる。また、イデオロギー的には異なる論調を持つように見える両紙が、共に中流のイメージの生産に積極的であったためである。[8]

一　年次別報道量と政府の政策との関係

日本の新聞における関連記事の年度別掲載頻度を示したのが図5－1である。図5－1のように、一九六〇年には日本の新聞の中流への言及がピークに達した。

時代的背景を見ると、一九六〇年は民社党が「全国民の中産階級化」という目標を打ち出した年であり、また自民党が「福祉国家への道」と「所得倍増計画」を説いて、「中産階級化」を掲げた時期でもある。当時の新聞の見出しを見ても、また報道の内容からも窺えるように、

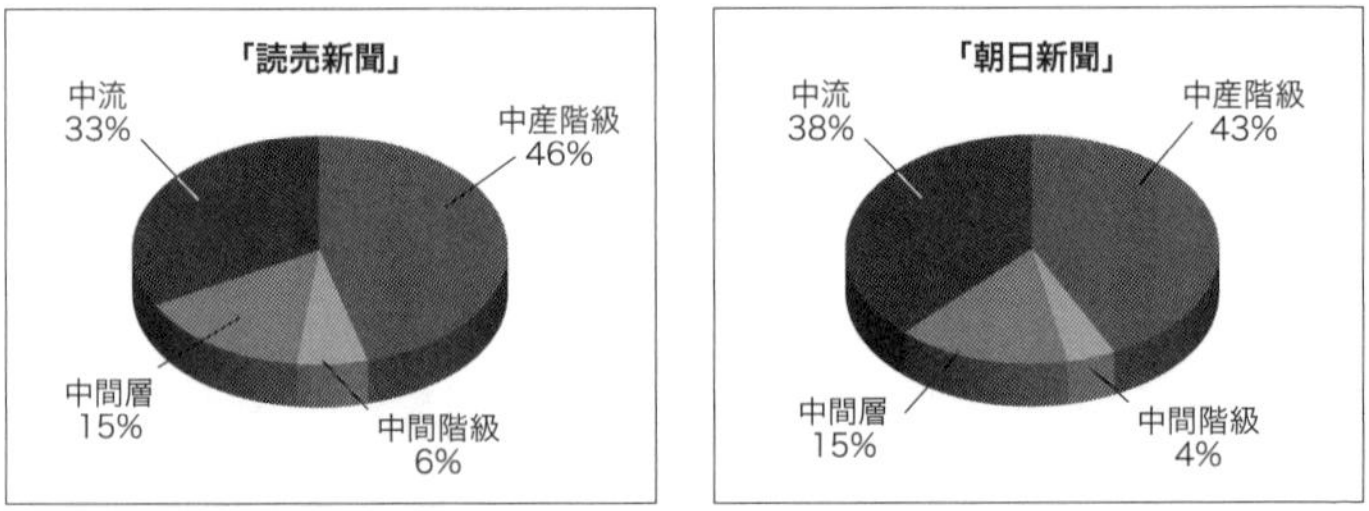

図5-2：日本新聞における中流の訳語分析（筆者作成）

一九六〇年には両新聞は政党の構想や綱領などを掲載したり、その要約や解説などを行ったりして、中流の関連政策を大いに報道していた。そこで、報道がピークに達した直接の原因は、保守・革新の両政党が、「中産階級の育成」なるものをスローガンとして掲げるようになったことにあると考えられる。

二　中流の訳語とそれぞれの意味内容

日本の新聞は「中流」「中産階級」「中間層」と「中間階級」という四つの訳語を用いている。そのうち、最も多く使用されているのは「中流」ではなく、「中産階級」である。その次は「中流」「中間層」「中間階級」という順である（図5－2）。日本の新聞では、「中産階級」という言葉を使う場合は、主として政治的な概念である。[9]次に、新聞上の「中流（階層／階級）」という言葉と一番関係が深いのは、ライフスタイルや行動様式である。[10]三番目の「中間層」という訳語はむしろ包括性のある言葉である。時には「中産階級」と同じく、政党政策や選挙投票に関して使われて、また時には、「中流」と同様に、生活様式に重点が置かれている。さらに、社会心理的基準に基づく概念としても用いられている。[11]「中間階級」は使用頻度が最も低い訳語であり、上層と下層との「中間」に入る膨大な層を大雑把に意味する。[12]

三　中流の定義と構成

日本の新聞も中国の新聞と同様に、主に三つの方法を用いて中流を定義している。すなわち、①学術界の解釈を引用する方法[13]、②政府・政党側の語りを借用する方法[14]、③新聞自ら定義する方法である。そのうち、さらに二つの観点からの定義もある。[15]一つは階層階級研究に類似した定義であり、もう一つは生活様式からの定義である。[16]ここでは、これら三つの方法による中流の定義に対して、それぞれ詳細に検討していく余裕はないが、新聞紙上の定義内容から、学歴、職業、収入、消費財という四つの区分基準が読み取れるため、以下これらの基準に基づき、中流の構成を考察していく。

1.　学歴

日本の新聞では、中流に関する定義の中に学歴という基準が見られる[17]ものの、中流としての具体的な学歴とは一体何なのか、学歴に関する具体的な言及が見られない。

2. 職業

全体的に、中流のメディア・イメージには多種多様な職業が含まれている。ところが、それらの職業も「新中産階級」に偏っており、「旧中産階級」は比較的少ない（表5-1）。日本では「サラリーマン」や「ホワイトカラー」は、新聞紙上の中流の中核を成している。また、「主婦」という中流の女性イメージが非常に目立つ。ジェンダー構成の面においても、アンバランスな描写が存在している。

3. 収入

収入に関しては、日本の新聞は五本の報道・記事以外では、ほとんど具体的に言及されていなかった。[18] そこで規定された中流の収入基準は一九五五年から一九六〇年代までは、おおよそ月収二・五万円から一五万円まで、年収が五〇万円から一〇〇万円まで、一九七〇年代以降になると、年収四九万円から一八〇万円までの間だということが読み取れる。

4. 消費財

中流に関連する報道・記事においても、家電製品や住宅、車などの消費財は、その使用価値で用いられているのではなく、他の階層との差異を示す「記号」として用いられてい

表5-1：日本の新聞における中流の職業構成　「読売新聞」と「朝日新聞」

（単位：回数）

職業	言及回数（〈　〉内の数字は女性を示す）
〈新中産階級〉	
サラリーマン	25
ホワイトカラー	10〈1〉
インテリー	9
技術者	5
組織労働者	3
専門職	3
事務員	3〈1〉
知識人	3
大企業上層労働者	2
会社員	2
管理職	2
社長	2
科学技術者	2
大企業の中級管理者	1
実業家	1
知識層	1
専門家	1
〈旧中産階級〉	
中小企業主	9
農民	8
農林漁民	4
商店主	4
中小商工業者	3
商人	3
熟練工	2
中小商工企業の従事者	1
小売業者	1
自営業者	1
工場主	1
販売人	1
手工業者	1
小金利生活者	1

職業	言及回数（〈　〉内の数字は女性を示す）
個別言及	
主婦	18〈18〉
セールスマン	8〈1〉
教員	5〈1〉
看護婦	5〈5〉
医師	3
政治家	3
記者	3〈1〉
教授	2
政府の役人	2
作家	1〈1〉
旅行代理店の経営者	1
船長	1
薬局の経営者	1
タクシー会社の重役	1
広告社の社長	1
社会学者	1
心理学者	1
芸術家	1
プロデューサー	1
講師	1
助手	1
弁護士	1
文化活動家	1
保健師	1〈1〉
公務員	1
俳優	1〈1〉

	言及頻度	割合（%）
〈新中産階級〉	121	66.85
（主婦）	18	9.94
〈旧中産階級〉	42	23.21

（筆者作成）

表5-2：「読売新聞」と「朝日新聞」における中流を示す消費財

（単位：回数）

物	出現回数	物	出現回数
住宅	28	扇風機	2
テレビ	15	置時計	1
車	13	アイロン	1
冷蔵庫	12	電気スタンド	1
洗濯機	11	電気炊飯器	1
ピアノ	9	電話	1
服装	6	ラジオ兼用電蓄	1
食事	5	電子レンジ	1
掃除機	4	ゴミ焼却器	1
家具	3	テープ・レコーダー	1
ステレオ・セット	3	トランジスター	1
クーラー	3	井戸ポンプ	1
株	2	カメラ	1
ガスレンジ	2	ガス湯沸かし	1
皿洗い器	2		

（筆者作成）

る。第一章と同様な統計の要領に基づき、集計したものが表5−2である。

表5−2で示されたように、「住宅」は日本の中流の最も重要な指標である。その次は「テレビ」である。

四　描写手法

中流を修飾する評価的な用語の使用頻度を量的に集計したのが表5−3である。表5−3の内容を見ればわかるように、日本の新聞も中流をネガティブに評価することは少なく、ポジティブに評価する傾向が強い。

次に、新聞自身の、また新聞における中流を語る主体の態度を考察するために、第二章と同様に、中流とその類語を主語ないしは目的語としている文中の動詞をすべて抽出し、それぞれの使用頻度を算出した（表5−4）。動詞統計を見ると、日本の新聞でも、当時、社会で「増加」「急増」「増大」した中流を「重視」し、「中流」を「育成」「支持」「拡大」させようとし

表5-3：「読売新聞」と「朝日新聞」における修飾辞の統計

（単位：回数）

修飾語	使用頻度	修飾語	使用頻度
平均的	31	無力な	2
安定な	22	空虚な	2
健全な	8	合理的	2
富裕な	8	革新的	2
平凡な	6	自由な	1
不安な	6	知性的	1
保守的	6	円満な	1
政治無関心	5	優越的	1
民主的	5	虚栄的	1
孤独な	4	満足な	1
放任的	4	進歩的	1
不良な	4	個人主義的	1
幸福な	3	非行動的	1
物質的	3	動揺的	1
穏健着実	3	不自由な	1
平和な	3	不満足な	1
矛盾的	3	安易な	1
中立的	2	安泰な	1
中核的	2		

（筆者作成）

ている積極的な態度が窺える。

また、日本の新聞上の中流も、複数のテクストによって紡がれた織物である。同じく、「間テクスト性」の視点から量的集計を行うと、次の結果が得られる（図5－3）。

図5－3のように、日本の新聞も①政府筋のテクスト（政府政党の政策や答申、政治家の発言など）、②学術界のテクスト（学術界の定義や調査結果、学者の発言など）、③外国のテクスト（多岐にわたる欧米のテクスト、特にアメリカのテクスト）、④他のメディア・テクスト（新聞以外のメディア・テクスト）という四つのテクストから連関させて中流を表象している。

さらに、中流の語り手に関する分析によると、日本の新聞における中流の語り手も①学者、②政府官僚、③中流を自称する人、④他の階層を自認する人、⑤メディアの関係者、という五種類に分類できる（図5－4）。

この五種類の語り手とそれぞれが語る内容を具体的に検討すると、そのいずれも中流に対す

表5-4：関連報道における動詞の統計　「読売新聞」と「朝日新聞」　（単位：回数）

動詞	使用頻度	動詞	使用頻度	動詞	使用頻度	動詞	使用頻度
育成する	18	定着する	2	消滅する	1	分類する	1
増える	13	高まる	2	転落する	1	代弁する	1
属する	9	安定する	2	占める	1	訴える	1
増大する	9	ひきつける	2	広まる	1	相応する	1
没落する	9	思う	2	錯覚する	1	促進する	1
拡大する	5	大事にする	2	広める	1	進む	1
重視する	5	出現する	2	大切にする	1	作る	1
支持する	4	呼ばれる	2	作る	1	存在する	1
急増する	4	論じる	2	蓄積する	1	育てる	1
獲得する	4	目立つ	2	上昇する	1	生まれる	1
言われる	4	形成する	2	見なす	1	進出する	1
分解する	3	確立する	2	膨張する	1	飢える	1
増加する	3	含む	2	呼ぶ	1	代表する	1
広げる	3	誕生する	2	出動する	1	浸透する	1
広がる	3	評価する	2	調査する	1	中心にする	1
注目する	3	持つ	1	含める	1	ない	1
はかる	3	満足する	1	混乱する	1	生産する	1
意識する	2	ねらう	1	集める	1	とらえる	1
である	2	生活する	1	選ばれる	1		

（筆者作成）

（単位：出現回数）

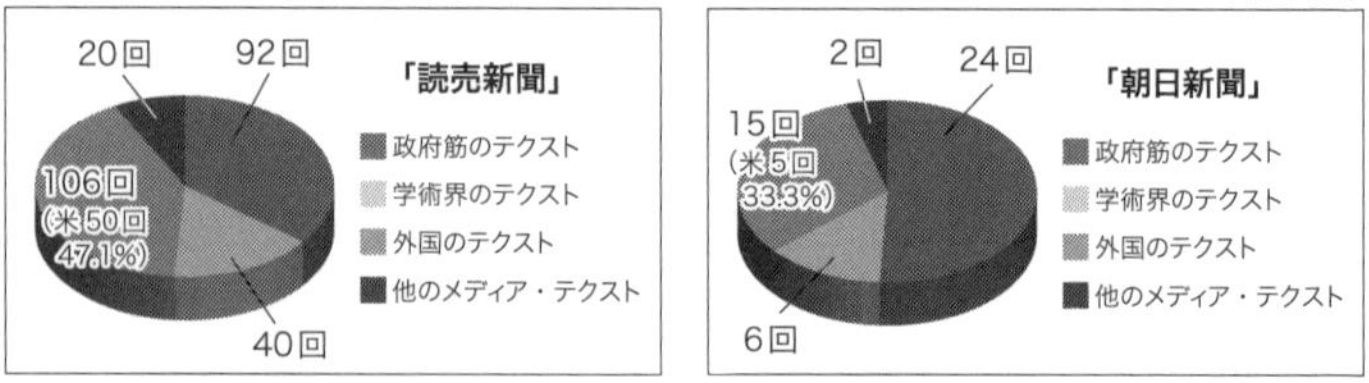

図5-3：新聞上のテクスト連関（筆者作成）

（単位：出現回数）

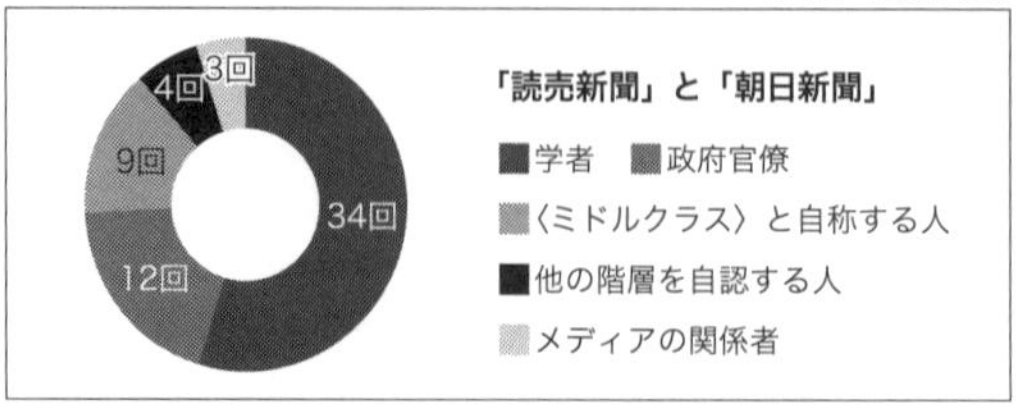

図5-4：日本の新聞における語り手の分析（筆者作成）

る積極的な態度と好意的に受け入れる態度を示していることがわかる。

五　日中比較

分析の結果、日中両国の新聞が政府や学術界などの影響を受けつつも、独自の中産階級ないし中流のメディア・イメージを形成してきていることが見られる。日中両国の共通点として、①強い政策志向、②訳語の使い分け、③「新中産階級」への偏重、④消費財の重視、⑤表現に見られる男女差の存在、⑥欧米へのまなざし、⑦メディア・イメージに潜んでいる力学などが存在する一方、相違点として、①学歴への言及の有無、②管理職・インテリ・政府の役人への言及度、③「主婦」の有無、④日本では中流と多く併用される形容詞が「平均」であるのに対し、中国では「裕福」が多いといった具体的な修飾語の違いが発見された。

筆者は日中の共通点が生まれた理由について次のように考える。まず、図0-1で提起された中産階級の理解モデル（31頁）が外部に存在しているため、日中両国の中産階級が置かれた文化的・時代的な違いがあるにもかかわらず、共通性が相違性より多く見られる。次に、日中の社会体制が異なっていても、メディアが政策に誘導されていることが共通しているため、政府や政党によって中産階級を肯定し拡大する合図が出されたら、新聞は直ちに積極的に呼応してしまう。また、政府・政党と同様に、「経済発展」という至上命題の下で、中産階級を通じて、欧米的「近代化」へのまなざしで自己構築を行ったり、社会が期待する中産階級のイメージを送り出したりしている。さらに、日中のメディアが共に市場と利潤追求に左右されているため、市場経済の差異化消費のメカニズムに応じて、一部の新興階層に注目しながら、消費財に中産階級という社会的地位の意味合いを付与している。社会的関心を広くひきつけるため、階層階級理解をめぐる学術界の状況を反映しつつ、独自の解釈や多様なテクストを用いて舶来の概念を多面的に表現している。日中両国ともにメディア・イメージの形成には共通して①メディア、②新興階層、③政党・政府・政治家、④知識人、⑤グローバリゼーションという五つの力の影響を受けている。それは、政府や政党、政治家からの政治的要請に応えたものであり、また社会における一連の変動（新興階層の形成や、知識人の動き、また消費社会の生成など）を反映したものでもある。さらに、グローバリゼーションの波に乗り、外来の影響を受けた結果でもある。

他方、四つの相違点が生じた原因はまず、「高度経済成長期」の日本では、大学・短大卒業者のほぼ八〇％が専門技術、管理事務といった職業に就いたため、新聞では学歴に関して特に言及する必要はなかった。ところが、中国では現在、学歴が地位達成の主要な手段として社会に認識されているため、新聞でも学歴を特に取り上げる必要がある。次に、職業分布について、日本の「サラリーマン」は企業社会の下で、「日本的経営」と「高度経済成長」が必要とする人々である。それに対して、中国の管理層・インテリ・政府の役人などは「新自由主義」

のグローバルな進行により、階層間格差が広がる中で顕在化してきた既得権益者である。彼らを「中」と名づけるのは格差を認めながらも不平等を隠蔽するためである。また、「主婦」の有無について、それは日本では、「サラリーマン」と「主婦」の構図が「高度成長」を支えるものであるのに対して、中国では、「高学歴・高収入」の女性は中産階級の女性の多数を占めているため、また「男女平等」が中国の基本的国家政策であるため、新聞では「主婦不在」が現れていると思われる。最後に、修飾語の差異について、それは日中が置かれた文化的・時代的な違いによるものだと考える。

言うまでもなく、日中両国の異同の原因についてより精密な論考と丁寧な分析が必要となる。本書には日中比較をこれ以上、詳細に論じる余裕がないため、これについては別稿を準備する。

第三節　新たな中産階級研究の可能性

本節では中産階級のメディア・イメージを研究する意義を再確認してから、今後の課題を述べることで、新たな中産階級研究の可能性を提示する。

一　中産階級のメディア・イメージを研究することの意義

中産階級のメディア・イメージを研究することの学術的意義としては、次の三点が挙げられる。

第一に、階層階級研究とメディア研究に対する貢献になる。従来、中産階級に関する研究は階層階級研究者によって蓄積されてきたが、階層階級研究とメディア研究は異なる研究領域と考えられてきたため、階層階級研究者はメディアに触れてはいるものの、メディア研究の視座から中産階級のイメージを捉えてこなかった。他方、これまでのメディア研究者の間では、メディアが中産階級のライフスタイルや消費のイメージを作ってきたという見方は一般に共有されてはいるが、それを自明としてきたため、中産階級イメージの形成におけるメディアの影響は必ずしも実証的に分析されてこなかった。そのため、階層階級研究とメディア研究を架橋した本書は、メディアと中産階級の相互関係や想像としての中産階級を実証的に分析することで、階層階級研究とメディア研究の展開に大きく寄与しうるものである。

第二に、文化的再生産論への貢献である。今日、脱工業化、高度情報化、高度消費社会の進展の中で、労働と生産を中心に構成された従来の社会階層構造が成立しがたい。そのため、近年、ポストモダンな視点から社会階層を議論する研究が現れている。しかし、これらの研究は高度情報化によって促進される「脱階層現象」を指摘するものの、情報化による階層の再編を等閑視する傾向にあった。さらに、ブルデューの文化的再生産論に依拠したこれらの研究は確かに文化の重要性を指摘し、文化による社会階層の再生産とそのメカニズムの解明を求めたが、ミクロな日常世界とマクロな社会を接続し、かつ公的文化の場であるメディアの働きを検討することが不十分である。その点、本書はメディア上のイメージを媒介とした中産階級の形成メカニズムに関する具体的な実証を通じて、文化的再生産論を充実させることができる。

第三に、本書は中国特殊論からの脱却の可能性を示唆している。既存の中国社会に関する研究は、中国的特殊性が暗黙の前提となって議論されることが少なくない。本書は現代中国において作り出された中産階級に焦点を当てているが、最後には「高度経済成長期」の日本の中流と比較することで、日中両国の共通性を明らかにし、その共通性から見られた、中産階級のメディア・イメージをめぐる国際比較研究の可能性を提示できる。そのため、従来の中国特殊論的傾向から脱出するところに意義があるほか、新たな中産階級研究の構築と展開に貢献しうる。

次に、中産階級のメディア・イメージを研究することは、現代世界の中での中国の評価と理解につながる。歴史的に見ても、世界的に見ても、中産階級をめぐる語りは、一国家の社会構造の変容と、それにともなうメディア文化や、国民の意識と日常生活の変化とともに、一国家の現在と未来だけではなく、世界経済の成長や地域共同体の形成などにも影響を与えている。今日、中国の中産階級の観光行動と消費形態は日本のメディアや企業側に注目されているほか、日本でも日常的に見られる光景となっている。そこで、中国の中産階級がいつ現れ、いかに形成され、中国人にとっていかなる存在であるか、また日本の中流とどこが同じく、どこが異なっているか、さらにその実態がいかなるものなのかといった疑問が生じるはずである。また現在、日本のメディアは現代中国のニュースを報道しない日がない。ところが、それらの報道は中国の政治と経済の動向に集中しがちで、それに比べて、社会と文化を取り上げているものは質も量もまだ不十分である。そのため、現代中国を政治や経済ではなく、社会構造やメディア文化、国民の意識や日常生活の面からいかに理解すべきかが課題となる。本書は今という時代的背景の下に、メディアが描く中産階級のイメージという切り口を通じて、現代中国の社会構造やメディア文化、国民の意識や日常生活に対する理解を深めることができるほか、さらに現代日本と比較し、両国の共通点を見つけることで、相互理解を促進し、日中関係の改善へ向けた一助となりうる。

二　今後の課題

前述のように、メディア学の視点から中産階級を研究する作業は本書で収束するものではなく、むしろ、本書を通じて提起された多数の問題の解決に向かって、新たな研究の起点に立っているのである。

これまで述べてきたように、本書で行った研究の意義をいくつか挙げることができる。だが、本書で手がけることのできなかったことも少なくない。本節では本書の限界を指摘することで、本書の結びとしたい。

ここでまず、限界として最初に挙げられるのは、本書では図0‐1のモデル図（31頁）を提示したものの、「客観的」「主観的」「象徴的」という三つの中産階級がいかにダイナミックに相互に作用しあっているか、すなわち、中産階級に関するダイナミックな解釈についての検討がまだ不十分だということである。この点について、現段階では実証することは困難であるが、今後、各種の着想・仮説・図式を設け、研究を展開していく必要があると考えられる。

次に、中産階級のメディア・イメージから中産階級そのものに接近するには、中国的な、あるいは日本的な現象として考察するだけではなく、より広く普遍的な文脈で考察すべきである。本書の前書きで述べたように、戦後のアジアでは、中産階級の生成と今日までの発展が絶えず注目されてきている。先行研究によると、一九五〇年代半ば以降の日本、一九八〇年代半ば以降のアジアＮＩＥｓ（韓国・シンガポール・台湾・香港）とタイ、マレーシアなど、そして二〇〇〇年前後からの中国とインドでは、中産階級の生成と発展の様相が非常に類似している。しかし、時間的な制約があり、資料的制約もあるため、本書ではアジア全体を視野に入れることができなかった。今後、本書が試みたメディア学的な中産階級研究は、国境を越えたさらなる比較研究の可能性を十分に内包しているであろう。

三番目の限界とは、本書の分析資料が主に新聞メディアに限定されており、テレビ、映画などのメディアに手をつけなかったことである。言うまでもなく、現代社会においては、映像の影響力は甚大である。ビジュアル・イメージに示された中産階級は今後の研究対象とすべきであろう。

四番目の限界とは量的集計に関する技術上の問題である。量的集計は時間がかかり、けっして単純・平易な作業ではない。本書では、分析材料がきわめて多量であり、分析項目の設定および分析カテゴリーごとの頻度の計測を念入りに行ってきたが、そこには筆者一人では困難な判断が常にともなっていたため、厳密な測定および結果の正確さ・精密さには限度があると言わざるを得ない。

今後、研究の展開とともに、これらの課題に取り組んでいきたい。

【注】

1 前述したように、中産階級のメディア・イメージの生産過程は一方では政府の影響を受け、他方では市場経済によって制約を受けている。現代中国においては、経済そのものも政府から切り離されないと言える。

2 もちろん、中産階級のメディア・イメージの政治的意味について、より厳密な分析と論証が必要であろうが、本書ではこの点について言及するにとどめる不十分さが残っている。

3 「中国における耐久消費財の普及状況」：http://www2.ttcn.ne.jp/honkawa/8200.html 二〇一一年一二月

一日にアクセス。

4　もちろん、社会の不平等や社会の周辺層とも言われるような存在にもメディアは目を配っていたが、中産階級ほど社会的な話題まで引き起こすことにはならなかったのである。

5　ただし、中産階級が内在的な矛盾をいかに隠蔽しているかを暴くのは困難な作業だと言わざるを得ない。

6　すなわち、「特色ある」とすれば、何が特色と言えるのか。どれぐらい特色があるのか。共通するところがあるからこそ、特色があると言えるのである。

7　二〇〇八年一二月から二〇一一年三月まで、筆者は中流の類語である「中産階級」「中間階級」「中間層」をそれぞれキーワードにし、「ヨミダス歴史館」と「聞蔵IIビジュアル」という二つのデータベースで検索を行った。この二つのデータベース上における技術的な差に関係して、その結果、「読売新聞」から二六一本と「朝日新聞」から四七本の関連報道・記事が抽出された。なお、筆者は類語でありうる「ミドルクラス」や「中間階層」「中産階層」などもキーワードにして検索してみたが、検索結果は0であるため、本書に記述しないことにした。また、「ヨミダス歴史館」はキーワードを入力することによって目的の記事を全文から探し出せるシステムになっているのに対して、「聞蔵IIビジュアル」は見出しのみを検索対象としているため、技術的な差が存在している。

8　もちろん、「朝日新聞」と明確に違う立場を示す新聞は「産経新聞」も挙げられるが、発行部数やカバーする地域の広さなどを考えた上で、本書は「読売新聞」を選定した。

9　「読売寸評」「読売新聞」（夕刊）一九五五年一月二三日、「中産階級論」「朝日新聞」（夕刊）一九五九年一一月一日など。

10　「中流意識」「読売新聞」（夕刊）一九七〇年三月二五日など。

11 「新中間層と地方政治」「読売新聞」（夕刊）一九六三年四月一五日、「中間層の向背」「朝日新聞」（朝刊）一九七一年一月九日など。
12 「日本の中間階級　政治には関心なし」「朝日新聞」（朝刊）一九六〇年一月一五日など。
13 「中間層の向背」「朝日新聞」（朝刊）一九七一年一月九日。
14 「新中間層は増加　民社　社党の過小評価を批判」「読売新聞」（朝刊）。
15 「日本の中間階級　政治には関心なし」「朝日新聞」（朝刊）一九六〇年一月一五日。
16 「生活〝中の中〟が6割　国民の意識調査　住宅には強い不満」「読売新聞」（夕刊）一九七〇年九月八日。
17 「中間層の向背」「朝日新聞」（朝刊）一九七一年一月九日など。
18 「減税　明年度1000億円を目標」「読売新聞」（朝刊）一九六〇年五月三日、「月5万円のくらし民社の総選挙政策」「読売新聞」（朝刊）一九六〇年九月一九日、「〔われらサラリーマン〕五年間で200万人増えた」「読売新聞」（朝刊）一九六一年一月一日、「〔週刊誌評〕週刊朝日　七月七日号」「読売新聞」（夕刊）一九六一年七月四日、「イギリスの女子教育」「読売新聞」（朝刊）一九六三年七月二三日、「42年度の家計調査」「読売新聞」（朝刊）一九六八年六月一日、「年収50万〝中産階級〟」「読売新聞」（朝刊）一九七〇年二月二四日。

あとがき

二〇一七年現在、本書で扱う中国の中産階級はまだカレント・トピックの一つである。グローバリゼーションと新自由主義の体制が続く中、不況に苦しむ日本社会は「中流」というかつての支配的言説に対して明確な不信感を表明し、日本のメディアをはじめ、「中流崩壊」論や「格差拡大」に関する言説を騒ぎ立てるようになった。ところが、日本の隣に位置する激変中の中国社会は階層分化と貧富の格差が急速に広がっているものの、かつて革命的打倒の対象とされた中産階級は現在、政府に支持されているほか、メディアや知識人にも歓迎されている。さらに、現在、中産階級と称される豊かになった中国人の消費行動が世界的に注目を浴びている。

中産階級を通じて現代中国の社会構造やメディア文化、国民の意識や日常生活を理解することを目指す本書は、二〇〇六年から二〇一六年にかけて中国のメディアが描く中産階級のイメージを析出し、そのイメージの生産と受容過程を実証的に分析したものである。近年、日本に観光客として殺到したいわゆる中国の中産階級を理解し、また急激に変化している現代中国の社会を把握する一助となればと思う。

本書は筆者が大学院時代から現在に至るまで研究してきたものをもとにして、それに加筆・

修正を行ったものである。大学院時代に東京大学大学院学際情報学府の園田茂人先生、吉見俊哉先生、林香里先生から直接指導をいただいた。先生方からの貴重なご指摘やご批判、ご助言などを本書に反映するように努めてきた。ご教示・ご鞭撻くださった先生方に、あらためて厚く御礼を申し上げたい。

また、本書の研究と調査を実施するにあたって二〇〇九年度、二〇一〇年度の日本学術振興会、二〇一一年度の松下幸之助記念財団、二〇一二年度、二〇一三年度のサントリー文化財団、二〇一四年度の放送文化基金から、必要な研究助成金をいただいた。心から御礼を申し上げたい。

さらに、本書の出版に当たって、亜紀書房を紹介してくださった北海道大学メディア・コミュニケーション研究院の岡本亮輔先生、出版を快諾くださり、編集をお引き受けいただいた亜紀書房の内藤寛氏に大変お世話になった。岡本先生のご支援、内藤氏のご理解とご助言がなければ、本書の出版は成り立たなかった。ここに深く感謝の意を表したい。

そして、学生時代からお世話になっている安藤鐘一郎先生ご夫妻に御礼を申し上げたい。ご夫妻の長年にわたる応援があったからこそ、私は安心して日本で研究できたと思う。心から謝意を表したい。

最後に、本書を肺がんで闘病している母に捧げたい。母から受けた温情は私が研究を持続する上での支えであり、また努力の源泉でもある。もちろん、母だけではなく、私は来日以降、家族と離れてはいるが、時空を超えた家族との絆を持ちつつ、学業の旅を続けている。家族への愛着は、しっかり研究に勤しむ気持ちを強くした。私はこの気持ちを生涯抱きしめていきたい。

ここで名前を挙げきれないが、今まで手伝ってくださったすべての方々にこの場を借りて感謝を述べたい。今後とも私を温かく見守ってくださるよう、お願いします。

周倩

二〇一七年二月一一日

参考文献

Adoni, Hanna. and Mane, Sherrill, 1984, "Media and social construction of reality" , Communication Research 11 (3).
Ang, Ien, 1985, *Watching Dallas: Soap opera and the melodramatic imagination*, Methuen.
———, 1991, "Gender and/in media consumption" , in J.Curran and M.Gurevitch (eds), *Mass Media and Society*, London: Edward Arnold.
———, 1996, *Living room wars: rethinking media audiences for a postmodern world*, Routledge.
青木保ほか, 2005,『東アジア共同体と日本の針路』日本放送出版協会.
有馬哲夫, 2003,「テレビが生んだアメリカの『中流』」『思想』12月号：210-225.
Berger, Peter L. and Luckmann, Thomas, 1967, The social construction of reality, New York: Anchor Books.
Bourdieu, Pierre, 1979, *La distinction: Critique sociale du judgement*, Paris: Minuit. (=1989,1990, 石井洋二郎訳『ディスタンクシオン——社会的判断力批判 I II』藤原書店.)
Bourdieu, P. and Passeron, J.C. 1970, *La Reproduction*, Paris: Les Edition de Minuit (=1991, 宮島喬訳『再生産』藤原書店.)
Centers, Richard, 1949, *The Psychology of Social Classes: A Study of Class Consciousness*, Princeton: Princeton University Press.
戴锦华, 1999, "大众文化的隐形政治学"《天涯》第2期：32-41.
杜骏飞, 2005, "传媒效用：寂静与喧闹" 周晓虹編『中国中产阶层调查』社会科学文献出版社：183-222.
Dyer Richard, 1992, *Only Entertainment*, London: Routledge.
Erikson, Robert, and Goldthorpe, John H., 1993, *The Constant Flux: A Study of Class Mobility in Industrial Societies*, Oxford: Clarendon Press.
Fairclough, Norman, 2003, *Analysing discourse: textual analysis for social research*, London: Routledge.
Featherstone, Mike, 1990, *Consumer culture & postmodernism*, Sage Publications Ltd; First Edition edition. (=2003, 川崎賢一・小川葉子編著訳, 池田緑訳『消費文化とポストモダニズム』恒星社厚生閣.)
Fernandes, Leela, 2000, "Nationalizing the Global: media images, cultural politics and the middle class in India" , *Media Culture & Society*. Vol.22: 611-628.
藤田智博, 2007,「ピエール・ブルデューの「場」の理論とメディアの社会学」『年報

人間科学』(28): 117-122.
Gouldner, Alvin, Ward., 1979, *The Future of Intellectuals and the Rise of the New Class: A Frame of Reference, Theses, Conjectures, Arguments, and an Historical Perspective on the Role of Intellectuals and Intelligentsia in the International Class Contest of the Modern Era*, New York: Seabury Press.
Gramsci, Antonio, 1971, selections from the Prison Notebooks, Lawrence and Wishart.
濱島朗・竹内郁郎・石川晃弘編, 1980,『社会学小辞典（新版）』有斐閣: 69, 208.
Hsiao, Hsin-Huan and Koo, Hangen, 1997, "The Middle Class and Democratization," *Consolidating the Third Wave Democracies*, Baltimore: Johns Hopkins University: 312-333.
Huntington, Samuel, P., 1991, *The third wave: democratization in the late twentieth century*, Norman: University of Oklahoma Press.（=1995, 坪郷實・中道寿一・藪野祐三訳『第三の波：20世紀後半の民主化』三嶺書房.）
今田高俊編, 2000,『日本の階層システム（5）社会階層のポストモダン』東京大学出版会.
犬田充, 1982,『日本人の階層意識：「中流」の読み方・とらえ方』PHP研究所.
石川晃弘, 梅澤正, 高橋勇悦, 宮島喬, 1982,『みせかけの中流階級』有斐閣選書.
岩渕功一, 2001,『トランスナショナル・ジャパン：アジアをつなぐポピュラー文化』岩波書店.
――――編, 2003,『グローバル・プリズム：〈アジアン・ドリーム〉としての日本のテレビドラマ』平凡社.
Kacapyr, Elia, Peter Francese. and Diane Crispell, 1996, *Are You Middle Class?: Definitions and Trends of US Middle-Class Households*, American Demographics.
加藤秀俊, 1957,「中間文化論」「中央公論」72(3): 252-261.
――――, 1957,「戦後派の中間的性格」「中央公論」72(11): 231-241.
片岡栄美, 2002,「階層研究における「文化」の位置――階層再生産と文化的再生産のジェンダー構造」『年報社会学論集』(15): 30-43.
岸本重陳, 1978,『「中流」の幻想』講談社.
Koo, Hagen, 2001, *Korean Workers: the culture and politics of class formation*, Ithaca: Cornell University Press.
小沢雅子, 1985,『新「階層消費」の時代』日本経済新聞社.
Lasswell, Harold, D. 1948, *The Structure and Function of Communication in Society*, New York.
Liechty, Mark, 2003, *Suitably Modern: making Middle-Class Culture in a New Consumer Society*, Princeton, N.J.: Princeton University Press.

李春玲, 2005,『断裂与碎片——当代中国社会阶层分化实证分析』社会科学文献出版社.
——— 編, 2009,『比较视野下的中产阶级形成』社会科学文献出版社.
李培林ほか, 2005,『社会冲突与阶级意识——当代中国社会矛盾问题研究』, 社会科学文献出版社.
李培林・张翼, 2008,「中国中产阶级的规模, 认同和社会态度」『社会』28 (2): 1-19.
李強, 2003,「中国中等收入阶层的构成」『湖南师范大学社会科学学报』第4期.
刘毅, 2006,「中产阶层的界定方法及实证测度——以珠江三角洲为例」『开放时代』第4期.
劉伯紅, 2007,『第二回中国女性の社会的地位調査による中国女性の就業現況』全国婦連女性研究所.
罗钢・王中忱, 2002,『消费文化读本』中国社会科学出版社.
陆学艺編, 2002,『当代中国社会阶层研究报告』社会科学文献出版社.
間々田孝夫, 1989,「階層帰属意識」原純輔編『現代日本の階層構造②階層意識の動態』東京大学出版会：23-45.
丸山眞男, 1964,『現代政治の思想と行動』未來社.
McQuail, Denis, 1994, *Mass communication theory: an introduction*, London: Sage,
孟繁华, 2004,『传媒与文化领导权：当代中国的文化生产与文化认同』山东教育出版社.
Mills, Charles Wright, 1951, *White collar: the American middle classes*, Oxford University Press (=1957, 杉政孝訳『ホワイト・カラー：中流階級の生活探求』東京創元社).
———, 1956, *The power elite*, Oxford University Press, USA; New Ed edition. (=1969, 鵜飼信成・綿貫譲治訳『パワー・エリート』東京大学出版会).
見田宗介, 1965,『現代日本の精神構造』弘文堂.
宮島喬, 1983,『現代社会意識論』日本評論社.
宮島喬・藤田英典編, 1991,『文化と社会』有信堂.
Morley, David, 1980, *The "Nationwide" Audiences: Structure and Decoding*, British Film Institute.
———, 1986, Family Television, Routledge."
村上泰亮, 1984,『新中間大衆の時代——戦後日本の解剖学』中央公論社.
直井道子, 1979,「階層意識と階級意識」富永健一編『日本の階層構造』東京大学出版会.
尾高邦雄, 1961,「日本の中間階級」『日本労働協会雑誌』3(1): 4-27.
Ohmann, Richard, 1996, *Selling Culture: magazines, markets, and class at the turn of the*

century, London, New York: Verso.
大井浩一, 2004,『メディアは知識人をどう使ったか:戦後「論壇」の出発』勁草書房.
Parish, William, L. 1984, “Destratification in China” , in Waston, J. (ed.), *Class and Social Stratification in Post-Revolution China*, New York: Cambridge University Press.
Posner, Richard A., 2001, *Public Intellectuals*, Havard University.
Riesman, David, 1950, *The Lonely Crowd: A Study of the Changing American Character*, New Haven: Yale University Press (=1964, 加藤秀俊訳『孤独な群衆』みすず書房).
Said, Edward, W. 1994, *Representations of the intellectual: the 1993 Reith lectures*, Vintage Books ed. - New York: Vintage (=1998, 大橋洋一訳『知識人とは何か』平凡社ライブラリー).
盛山和夫・直井優ほか, 1990,「現代日本の階層構造とその趨勢」直井優・盛山和夫編『現代日本の階層構造1　社会階層の構造と過程』東京大学出版会.
Sklair, Leslie, 1991, *Sociology of the Global System*, New York: Harvester Wheatsheaf. (=1995, 野沢慎司訳『グローバル・システムの社会学』玉川大学出版部).
園田茂人, 2008,『不平等国家中国:自己否定した社会主義のゆくえ』中央公論新社.
孙玮, 2002,「多重视角中的媒介分层现象」『新闻大学』秋季号:32-41.
高田利武, 2011,『他者と比べる自分——社会的比較の心理学』サイエンス社.
高坂健次, 1979,「『地位一貫性』と階層構造」『現代社会学』6巻1号:132-158.
———, 1988,「階層イメージの形成と階層帰属意識」1985年社会階層と社会移動全国調査委員会編『1985年社会階層と社会移動全国調査報告書　第2巻　階層意識の動態』:101-117.
Tankard, James, W. and Severin, Werner, J., 1992, *Communication theories: origins, methods, and uses in the mass media*, 3rd ed, New York: Longman.
陶东风编, 2004,《知识分子与社会转型》河南大学出版社.
谷口誠, 2004,『東アジア共同体:経済統合のゆくえと日本』岩波書店.
Thompson, William and Hickey, Joseph, 2005, *Society in Focus*, Boston, MA: Pearson.
Thompson, Edward, Palmer., 1963, The making of the English working class, London: V. Gollancz. (=2003, 市橋秀夫・芳賀健一訳『イングランド労働者階級の形成』青弓社).
富永健一, 1977,「社会階層構造の現状」「朝日新聞」6月27日.
———編, 1979,『日本の階層構造』東京大学出版会.
友枝敏雄・小島秀夫, 1987,「階層帰属意識の趨勢分析」『紀要』中央大学文学部哲学科125:35-63.
辻村明ほか編, 1987,『世界は日本をどう見ているか:対日イメージの研究』日本評論社.

Van Dijk, Teun A., 1985, Discourse analysis in society, London; Tokyo: Academic Press.
王艳・周正昂, 2003,「媒体中国如何承受社会阶层的小康之变」『新闻传播』: 23-42.
王晓明, 2000,『在新意识形态的笼罩下——90年代的文化和文学分析』江苏人民出版社.
Warner, W. Lloyd, et al., 1949, *Social Class in America*, Chicago: Science Research Associates. Inc., Wright, Erik Olin, 1997, *Class Counts: Comparative Studies in Class Analysis*, Cambridge: Cambridge University Press.
呉廷俊・陳棟, 2007,「中国における社会構造の変化とマスコミの再編」『国際文化研究』(11).
忻平, 1996,『从上海发现历史——现代化进程中的上海人及其社会生活(1927-1937)』, 上海人民出版社.
Yen, Xiaoping, 1995, "Sources in Chinese Newspapers: changes and variations", Ph.D.diss., Ann Arbor, Mich: UMI.
北川高嗣ほか編, 2002,『情報学事典』弘文堂.
喻国明, 欧亚, 张佰明等, 2011,『微博：一种新传播形态的考察(影响力模型和社会性应用)』人民日报出版社: 147.
张翼「中国社会阶层结构变动趋势研究——基于全国性CGSS调查数据的分析」中国特色社会主義研究『社会建设』2011 年 03期
张宛丽, 2002,「对现阶段中国中间阶层的初步研究」『江苏社会科学』第4期.
周春玲, 2000,「时尚杂志与大众文化」『天涯』第4期.
周倩, 2008, 東京大学大学院学際情報学府修士学位論文「現代中国における『中産階層』イメージの析出——メディア分析と社会分析をつなぐ」.
———, 2012,「第2章　中産階級の定義・実態・イメージ——日中韓比較の知見」園田茂人編『勃興する東アジアの中産階級(アジア比較社会研究のフロンティア1)』勁草書房.
———, 2016,「住宅広告における階層イメージ——現代中国の事例を中心に」『中国研究月報』70(6)：1-17.
周晓虹編, 2005,『中国中产阶层调查』社会科学文献出版社.
朱苏力, 2004,「公共知识分子的社会建构」『天涯』5.

【著者】
周倩　しゅう・せい
北海道大学メディア・コミュニケーション研究院准教授。中国上海生まれ。東京大学大学院学際情報学府博士課程修了。専門はメディア社会学、階層消費研究。
著書に『勃興する東アジアの中産階級』（共著、勁草書房、2012）、『想起と忘却のかたち』（共著、三元社、2017）、『東アジア観光学』（共編著、亜紀書房、2017）、最近の論文として、「住宅広告における階層イメージ——現代中国の事例を中心に」（『中国研究月報』2016年6月号）、“Foreign Travels of the Chinese Middle Class and Self Construction in Social Media”, Asia Review（Vol.7 No.2, 2016年）など。

現代中国の中産階級

メディアと人々の相互作用

二〇一七年八月九日　第一版第一刷発行

著　者　周倩
発行者　株式会社　亜紀書房
郵便番号　一〇一-〇〇五一
東京都千代田区神田神保町一-三二
電話　〇三-五二八〇-〇二六一
振替　〇〇一〇〇-九-一四四〇三七
http://www.akishobo.com

装　丁　國枝達也
DTP
印刷・製本　株式会社トライ　http://www.try-sky.com

Printed in Japan